* PING *

neue Nachricht

Vielleicht die beste E-Mail,
die du je bekommen hast!

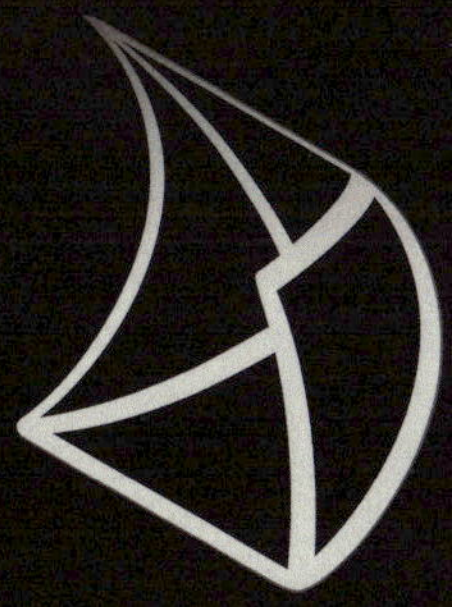

Was könnte da drinstehen?

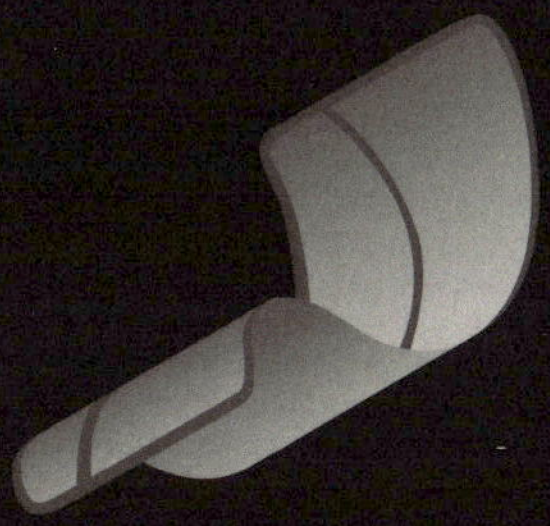

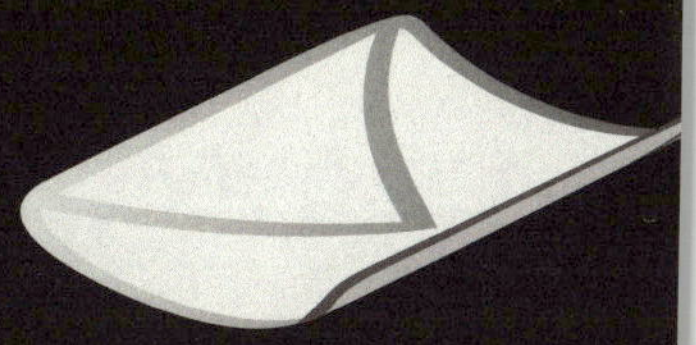

Faszinierende JPEGs enthüllen Inhalt der VERLORENEN BUNDESLADE. Staunen Sie, ohne dass Ihnen das Gesicht wegschmilzt. Exklusiv für Premium-Mitglieder: Bonus-Fotos und Verlosung einer Neckermann-Reise ins Hitler-Deutschland.

Kätzchenvideos – so süß, dass sie Schlaganfälle verursachen und in Altenheimen medizinische Krisen provozieren. **Ärztliche Warnung:** Öffnen Sie diese Videos nicht, wenn Sie unter Bluthochdruck leiden oder blutverflüssigende Medikamente einnehmen.

Legendärer 141-Zeichen-Tweet auf litauischem Server entdeckt, Aufruhr in Technik- und Infotainmentgemeinde.

Wir haben Ihren Doppelgänger gefunden. Klicken Sie hier, um Kontakt aufzunehmen.

In
Ordner
verschieben

So sieht's aus:

Unsere Hauptbeschäftigung ist die Produktion und Weitergabe von Information.

Vor zwanzig Jahren machte das Internet Null Prozent des menschlichen Energieverbrauchs aus.

Heute verbraucht die Digitaltechnik

10 Prozent

der gesamten Elektrizität.

Mit dieser Energiemenge wurde

1985 der ganze Planet beleuchtet.

Der Datenverkehr verbraucht
heute 50 Prozent mehr Energie
als der Flugverkehr.
und

Und der Verbrauch
wächst

und wächst

und wächst

nd wächst

wächst

Kohle, die unser
elektronisches Leben anheizt,
lässt die Polkappen schmelzen.

Die Schmelze
von Billionen Tonnen Eis
lässt gewaltige Fliehkräfte
auf die Erdkruste wirken.

Die letzten Überreste
der Eiszeit verschwinden
in wenigen Jahrzehnten.

Das Erdbeben,
das Japan 2011 erschüttert hat,
war kein Zufall.

Wir verändern heute nicht nur die Struktur unseres Gehirns.

Wir verändern die Struktur der ERDE.

Japanisches Haus treibt nach dem Tsunami 2011 im Pazifik

Willkommen in der ...

Erschütterung der Welt

Erschütterung der Welt

Leitfaden für die extreme Gegenwart

Shumon Basar
Douglas Coupland
Hans Ulrich Obrist

Übersetzung aus dem Englischen von Jürgen Neubauer

Mit Beiträgen von Farah Al Qasimi, Ed Atkins, Gabriele Basilico, Alessandro Bava, Josh Bitelli, James Bridle, Cao Fei, Alex Mackin Dolan, Thomas Dozol, Constant Dullaart, Cécile B. Evans, Rami Farook, Hans-Peter Feldmann, GCC, Liam Gillick, Dominique Gonzalez-Foerster, Eloise Hawser, Camille Henrot, Hu Fang, K-Hole, Koo Jeong-A, Katja Novitskova, Lara Ogel, Trevor Paglen, Yuri Pattison, Jon Rafman, Bunny Rogers, Bogosi Sekhukhuni, Taryn Simon, Hito Steyerl, Michael Stipe, Rosemarie Trockel, Amalia Ulman, David Weir, Trevor Yeung

Basierend auf dem Design von Wayne Daly

MIX
Papier aus verantwortungsvollen Quellen
FSC® C006701

Eichborn Verlag in der Bastei Lübbe AG

Titel der englischen Originalausgabe:
»The Age of Earthquakes.
A Guide to the Extreme Present«

Für die Originalausgabe:
Original English language edition first published
by Penguin Books Ltd, London

Für die deutschsprachige Ausgabe:

Lektorat: Barbara van Benthem, Tutzing
Umschlaggestaltung: Wayne Daly
Umschlagmotiv Rückseite: Alex Mackin Dolan,
Melted Luxury Earth, 2014
Fotorecherche von Anna Laura Palma
Satz: Helmut Schaffer, Hofheim a. Ts.
Gesetzt aus der Union
Druck und Einband: CPI books GmbH, Leck – Germany

Printed in Germany
ISBN 978-3-8479-0588-2

5 4 3 2 1

Sie finden uns im Internet unter www.eichborn.de
Bitte beachten Sie auch www.luebbe.de

Hast du auch schon bemerkt …

… dass sich unser Leben nicht mehr
als Geschichte erzählen lässt?

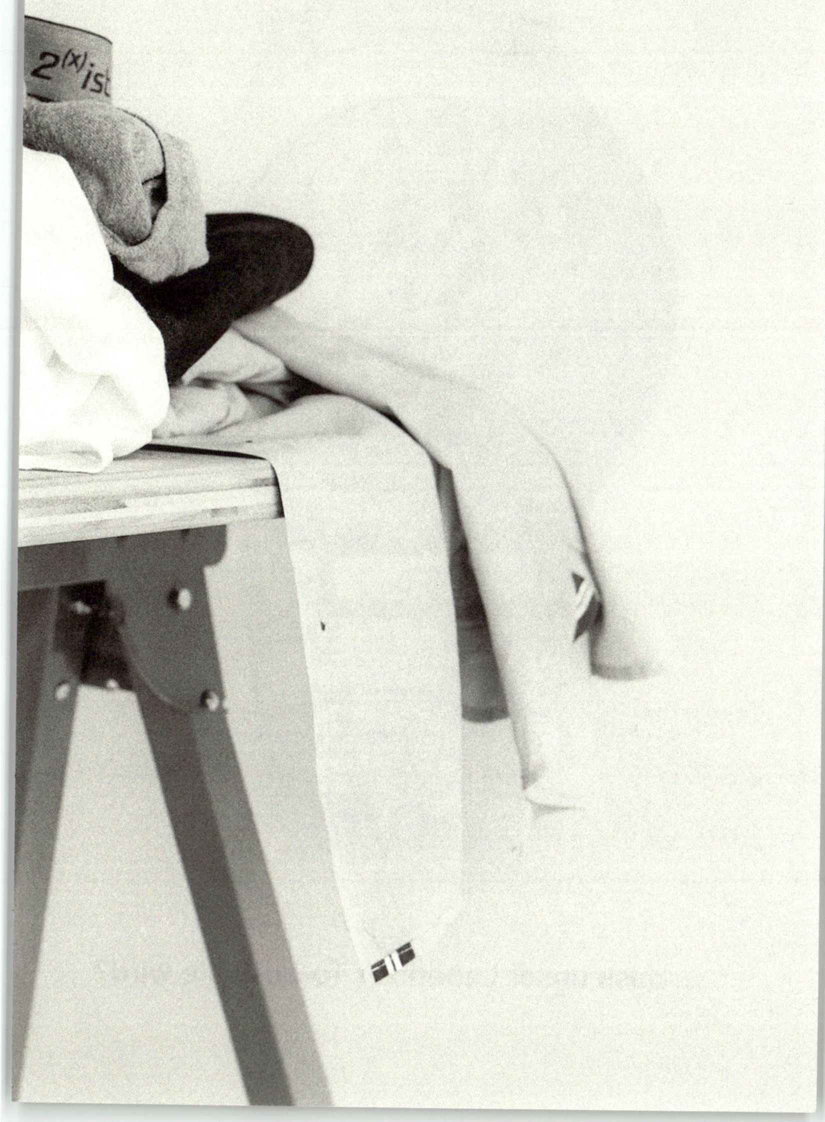

… dass unser Leben zur To-do-Liste wird?

… dass sich unser Zeitgefühl beschleunigt?

Meine Zeit vergeht langsamer als deine.

LOL!

DAS WAR EIN WITZ.

ZEIT

WIRKLICH

Mein Zeitgefühl ist genauso beschleunigt wie das aller Menschen.

Mit dem Internet haben wir unser Gehirn neu verdrahtet und unsere altmodische biologische Zeitwahrnehmung manipuliert.

Es ist keine Täuschung …

VERGEHT SCHNELLER

Wir haben an unserer inneren Uhr gedreht. Deswegen vergeht die Zeit heute schneller als früher. Nein, das liegt nicht daran, dass du älter wirst und dass jedes neue Jahr ein immer kleinerer Bruchteil deines Leben ist. Sie vergeht einfach schneller.

Wow.

Hoppla.

Sorry.

… hab grade zwei Stunden in einer YouTube-Kätzchenvideoschleife verloren.

30–31

Werden Generationen noch in Jahren gemessen?

FRAGE:

»Wie alt bist du?«

ANTWORT:

»Ich bin sieben iPhones iPhones iPhones iPhones iPhones iPhones iPhones alt.«

Die Fähigkeit, Dinge in einer Reihenfolge anzuordnen und sich diese zu merken, ist typisch menschlich, außer uns können das nur Krähen. Hunde sind zwar intelligent, aber sie können nicht in Abfolgen denken. Deswegen schaffen sie bei Hundeshows den Parcours nicht allein, sondern werden von einer Station zur nächsten geführt.

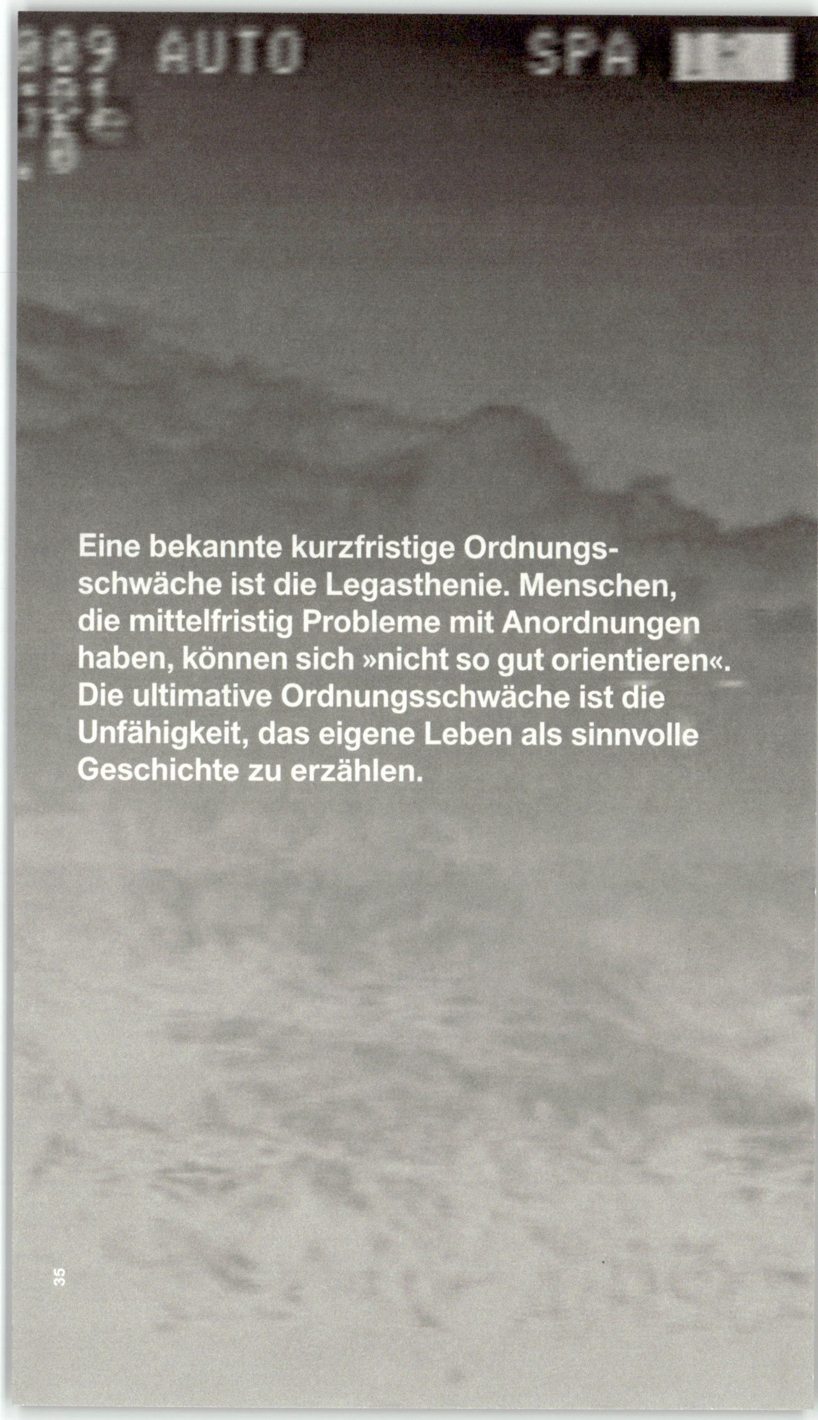

Eine bekannte kurzfristige Ordnungsschwäche ist die Legasthenie. Menschen, die mittelfristig Probleme mit Anordnungen haben, können sich »nicht so gut orientieren«. Die ultimative Ordnungsschwäche ist die Unfähigkeit, das eigene Leben als sinnvolle Geschichte zu erzählen.

Von einem Computerspiel lernen wir nur, wie man andere Computerspiele spielt.

Wir haben die Aufmerksamkeits-spanne

37 Porzellan [illegible] mit Brot bei 1200 Grad Hitze

von der Länge eines Beatles-Songs.

Zu
lang
zum
Lese

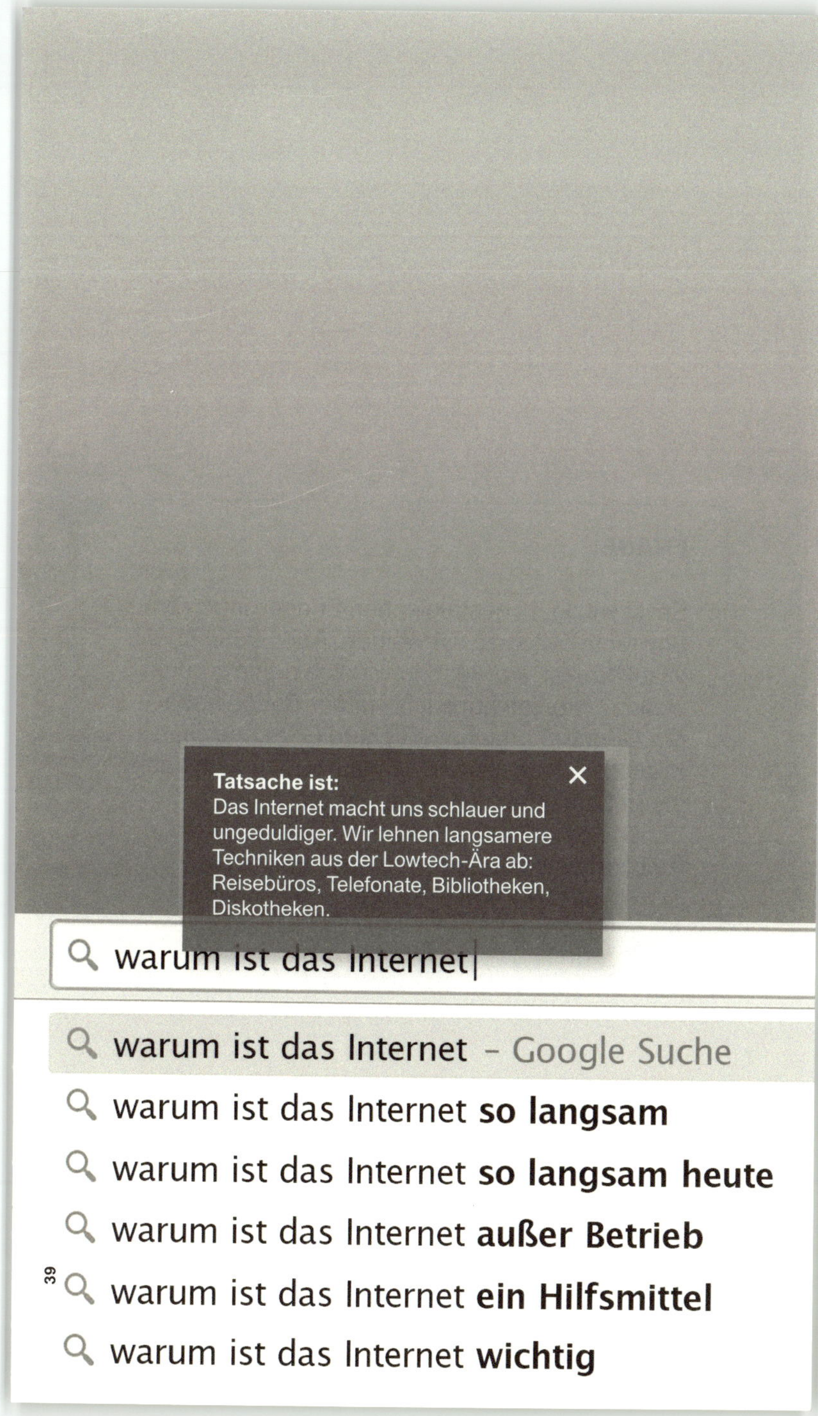
Tatsache ist:
Das Internet macht uns schlauer und ungeduldiger. Wir lehnen langsamere Techniken aus der Lowtech-Ära ab: Reisebüros, Telefonate, Bibliotheken, Diskotheken.
warum ist das Internet
warum ist das Internet – Google Suche
warum ist das Internet so langsam
warum ist das Internet so langsam heute
warum ist das Internet außer Betrieb
warum ist das Internet ein Hilfsmittel
warum ist das Internet wichtig

FRAGE:

Es ist witzig, in nostalgischen Erinnerungen an Lowtech-Zeiten zu schwelgen. Aber wenn du die Wahl hättest, würdest du wirklich dahin zurückwollen? Neulich habe ich *Auf der Suche nach Mr. Goodbar* gesehen, Richard Gere und Diane Keaton im New York der Siebziger, und ich habe einen Schrecken gekriegt, wie rückständig das Leben damals war. Die Leute haben in hässlich möblierten Höhlen gewohnt, die über Kabel miteinander verbunden waren. Es hat mir die Augen geöffnet.

Ich schaue mir gern Serien aus den Neunzigern an. Das ist fast so wie heute, nur ohne Internet, und das entspannt mein Gehirn.

Das ist wie Öko-tourismus.

… Standby

… Neustart

… Herunter-
fahren

Erzähltrieb, der

Der Glaube, dass ein Leben ohne eigene Geschichte nicht lebenswert ist, geht ironischerweise mit der zunehmenden Unfähigkeit einher, das Leben als Geschichte zu erzählen.

Enterzählung, die

Prozess, in dessen Folge sich das eigene Leben nicht mehr als Geschichte erzählen lässt.

Zeitschmelze, die

Beschreibt die wahrgenommene Verkürzung des durch Multitasking übereffizient gewordenen Lebens, das nicht genug Zwischenräume für konkretes eigenes Erleben lässt.

Jassi
Li

Unterbrechungsfokussiertes Gedächtnis, das

Wir erinnern uns nur an die roten Ampeln, nie an die grünen. Die grünen halten uns in Bewegung, die roten unterbrechen den Bewegungsfluss und nerven. Unterbrecher. Das erklärt, warum die meisten Autofahrer einen Ampelaberglauben haben.

Lückenbedingte Zeitdehnung, die

Unsere Zeitwahrnehmung hängt davon ab, in welche Abfolge wir unsere Tätigkeiten bringen, wie viel wir gleichzeitig tun und welche Lücken wir lassen (wenn überhaupt). Momente des Nichtstuns zwischen aufeinanderfolgenden Tätigkeiten vermitteln langfristig den Eindruck, dass das Leben länger ist.

Zeithäppchen, das

Oftmals ärgerlicher Moment der Pseudofreizeit, der sich ergibt, wenn Computer eine Pause einlegen, um zu speichern, Updates zu suchen, oder ganz einfach an unserem Hirn zu drehen.

»Wenn dich deine eigene Erfahrung nicht befremdet,

dann ist sie falsch.« André Breton

Erinnerst du dich daran, dass Zufall mal ein »Zeichen« für etwas Übernatürliches war?

Heute ist es nur ein schlauer Algorithmus, der deine Angewohnheiten kennt.

Meine Mutter weiß jetzt, was ein Algorithmus ist.

Sie ist 77.
Das ist irre.

Rodney King war das YouTube des Jahres 1993.

Ob er heute noch gegen die ganze Konkurrenz ankäme?

Proschleunigung, die

Die Beschleunigung der Beschleunigung.

Vor dem Internet hatten wir eine Handvoll Meme pro Jahr.

Heute sind es
Hunderte pro Tag.
Heute sind es
Hunderte pro Tag.
Heute sind es
Hunderte pro Tag.
Heute sind es
Hunderte pro Tag.
Heute sind es
Hunderte pro Tag.
Heute sind es
Hunderte pro Tag.
Heute sind es
Hunderte pro Tag.
Heute sind es
Hunderte pro Tag.
Heute sind es
Hunderte pro Tag.

SPEICHERN

MACHT
UNHEILBAR
SÜCHTIG

TEMPO

MACHT
UNHEILBAR
SÜCHTIG

Hast du schon mal damit angegeben, dass
du in Urlaub fährst und keine Mails liest,
nur um am zweiten Tag einzuknicken?

Klar. Das war eine rhetorische Frage.

Eines Tages wird eine Tüte Aquariumkiesel intelligenter sein als das gesamte NASA-Raumfahrt-programm des Jahres 2014.

Die Welt wirkt geknallt, weil sich ändert.

irgendwie durch-
zu viel zu schnell

Du weißt,
dass die Zukunft
wirklich da ist,
wenn du Angst
bekommst.
62–63

Die Zukunft
liebt dich,
aber sie
braucht dich
nicht.

Sieh's ein,
die Zukunft
ist ein
Dumme-
jungen-
streich.

Die nächste Massentechnologie ist schon unterwegs und donnert auf uns zu wie ein Asteroid.

Die Technologie hat ihre eigene Agenda. Wenn Einstein die Relativitätstheorie nicht aufgestellt hätte, dann hätte es jemand anders gemacht. Wenn es Google nicht gäbe, dann gäbe es etwas anderes. Die nächste erfolgreiche Technologie setzt sich durch, egal wer sie wie und wo erfindet.

Wir sollten uns alle auf die Schultern klopfen, dass wir uns so schnell an so viele neue Technologien gewöhnen.

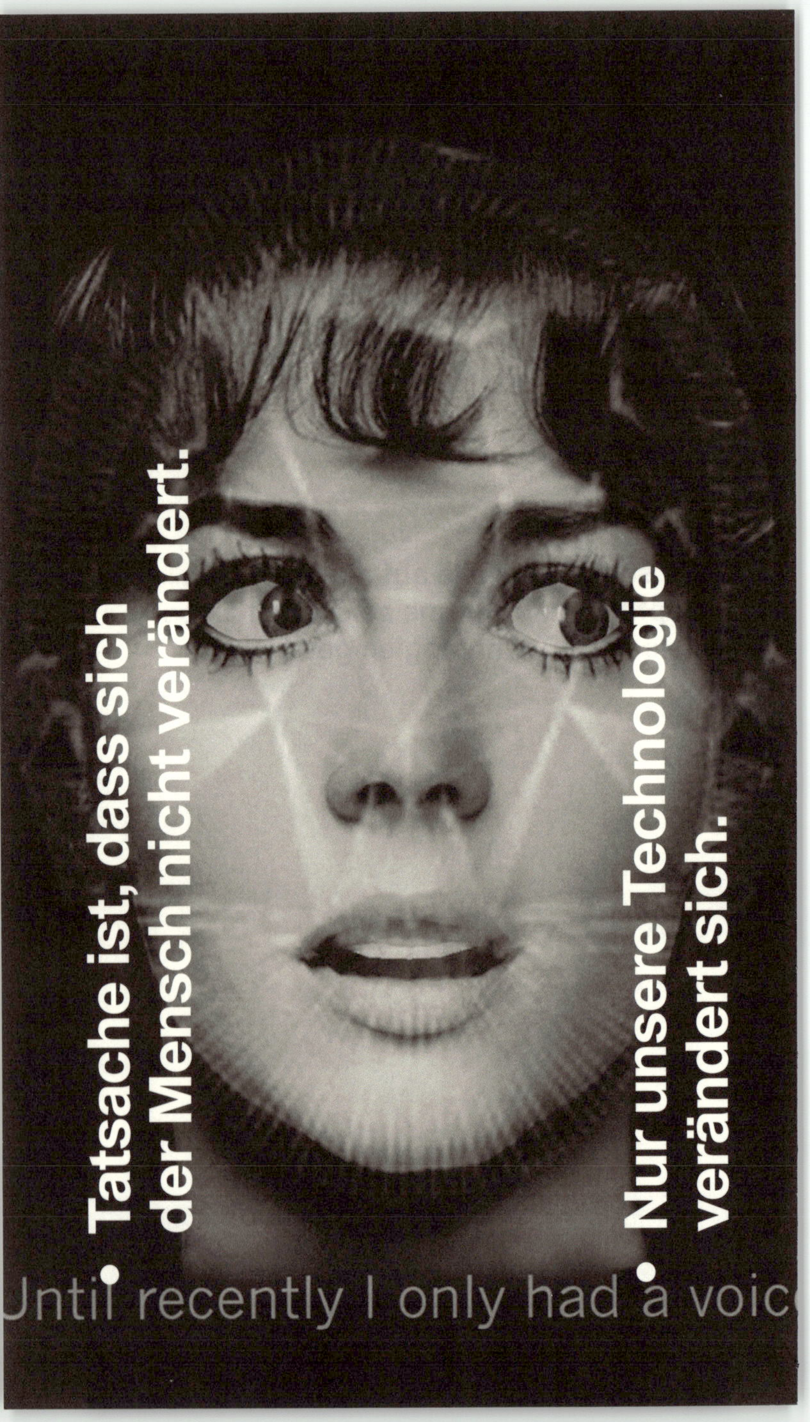
• Tatsache ist, dass sich der Mensch nicht verändert.
• Nur unsere Technologie verändert sich.
Until recently I only had a voic

• Mit jeder neuen Technologie lernen wir etwas Neues über uns.

Naturwissenschaftliche Themen, die in den letzten Jahren Schlagzeilen gemacht haben:

Molekularbiologie
künstliche Intelligenz
künstliches Leben
Chaostheorie
Massenparallelverarbeitung
neuronale Netze
kosmologische Inflation
komplexe adaptive Systeme
Superstrings
biologische Vielfalt
Nanotechnologie
Higgs Boson
Humangenetik
Klone
Punktualismus
zelluläre Automaten
Supraleitfähigkeit
Suchmaschinen
Ultraschall
GPS
soziale Netzwerke
Smartphones
Wearables
Fuzzylogik
Buckminster-Fullerene
außerirdisches Leben
virtuelle Realität
Cyberspace
Teraflop-Chips
Algorithmensteuerung

Qualitätssicherungs-Phant

Humanofakten, die

Dinge, die von Menschen erzeugt wurden und nur auf der Erde vorkommen. Zum Beispiel Teflon, Aspartam, Contergan, Paroxetin und größere Mengen des chemischen Elements mit der Ordnungszahl 43, Technetium.

Ana María aus Kuba, wo das Internet rar und teuer ist: »Es gibt kein Internet. Ich habe es nie gesehen. Ich weiß nicht, was es macht.«

Tao aus New York, wo das Internet allgegenwärtig und billig ist: »Manchmal stelle ich mir das Internet wie ein UFO vor, das eines Nachmittags im Hof gelandet ist, um die Menschheit auf eine Reise mitzunehmen.«

Alana, die in zwanzig Jahren zur Welt kommen wird: »Das Internet? Das haben meine Großeltern benutzt, um sich nicht dumm zu fühlen, oder um jemanden zum Vögeln zu finden. Agh!«

Behalte nichts, was du vergessen kannst.

»Wie lautet der Name deines ersten Haustiers?«

Alles zu wissen, wird schnell öde.

Ist es nicht witzig, dass man eine E-Mail, die man lange genug ignoriert hat, einfach ungelesen löschen kann?

Es gibt zwei Arten von Menschen: die einen, die nur ruhig schlafen, wenn ihre Inbox leer ist. Und die anderen, denen es wurst ist.

... Querlesen
... Scrollen
... Markern

klugdumm (Adj.)

Klugdummheit beschreibt das Gefühl, das uns beschleicht, wenn wir feststellen, dass wir so klug sind wie nie zuvor, und dass wir uns noch nie so dumm gefühlt haben. Die ganze Gesellschaft befindet sich heute in einem Zustand der Klugdummheit. Ein Beispiel: »Okay, ich habe drei Zehntelsekunden gebraucht, um die Liste aller Oscar-Gewinner des Jahres 1952 aufzurufen. Aber ich fühle mich dumm, weil ich sie mir nicht zwei Stunden lang mühsam in der Stadtbibliothek zusammengesucht habe.« In unserer klugdummen neuen Welt ist der durchschnittliche IQ 103, aber er fühlt sich an wie 97. Das Gefühl der Klugdummheit könnte daher kommen, dass wir heute viel besser wissen, was wir alles nicht wissen. Dabei übersehen wir, welche Fortschritte wir beim Wissenserwerb gemacht haben und wie gut wir dank der Internetsuche auf Mustererkennung getrimmt sind. Tatsache ist, dass ich jetzt klugdumm bin. Wir sind alle irgendwie klugdumm. Und die Zukunft ist noch klugdümmer.

97

ist der neue IQ 100

dummklug (Adj.)

Jeder von uns kennt dummkluge Situationen. Beispiel: »Neulich hat mir jemand einen Artikel in *El País* gezeigt und ich habe auf die Seite gestarrt und darauf gewartet, dass er sich von selbst übersetzt. Da habe ich mich ganz schön dummklug gefühlt.« Aus Dummklugkeit sagen wir: »Eigentlich bin ich ein intelligenter Mensch, aber ich habe leider grade keinen Empfang, deswegen kann ich es nicht unter Beweis stellen.« Dummklugheit bedeutet, sich damit anzufreunden, dass man plötzlich Vieles nicht mehr wissen muss, und dass man keine Hirnzellen darauf verschwenden muss, sich daran zu erinnern: mein Autokennzeichen, Sportstatistiken, Kochrezepte, oder den Kameramann des Kultfilms *Tampopo* aus dem Jahr 1985 (Masaki Tamura). Dummkluge Menschen wissen, dass ihr IQ 103 beträgt, wovon im Moment leider nur 97 verfügbar sind.

103

ist der neue IQ 100

Cyphorie, die
Cyber + Dysphorie.

Cyphorie ist der Glaube, dass das Internet die wirkliche Welt ist.

zwischendingen (Adj.)

Zwischendingen zu sein bedeutet, zwischen zwei historischen Wendepunkten zu stehen. Wir sind heute alle zwischendingen … das erste große Ding war der 11. September, und was das nächste sein wird, das weiß niemand.

Aber reden wir doch mal über dich.

WER BIST DU?

Erst dein Langzeitgedächtnis
macht dich
zu

D

IR

ICH – das ist alles,
was dein Gehirn behält, was es vergisst,
und wie es das macht.

<u>Dein</u> Gehirn ist ganz anders als das deiner Eltern.

Die Gehirne älterer Menschen
werden nie das empfinden können,
was dein jüngeres Gehirn empfindet.

Wir wissen jetzt, dass Gehirnzellen, die gleichzeitig aktiv werden, sich biologisch vernetzen.

Detail des menschlichen Kleinhirns, veröffentlicht 1907

Wenn du schon ein paar Jahre online bist, herzlichen Glückwunsch:

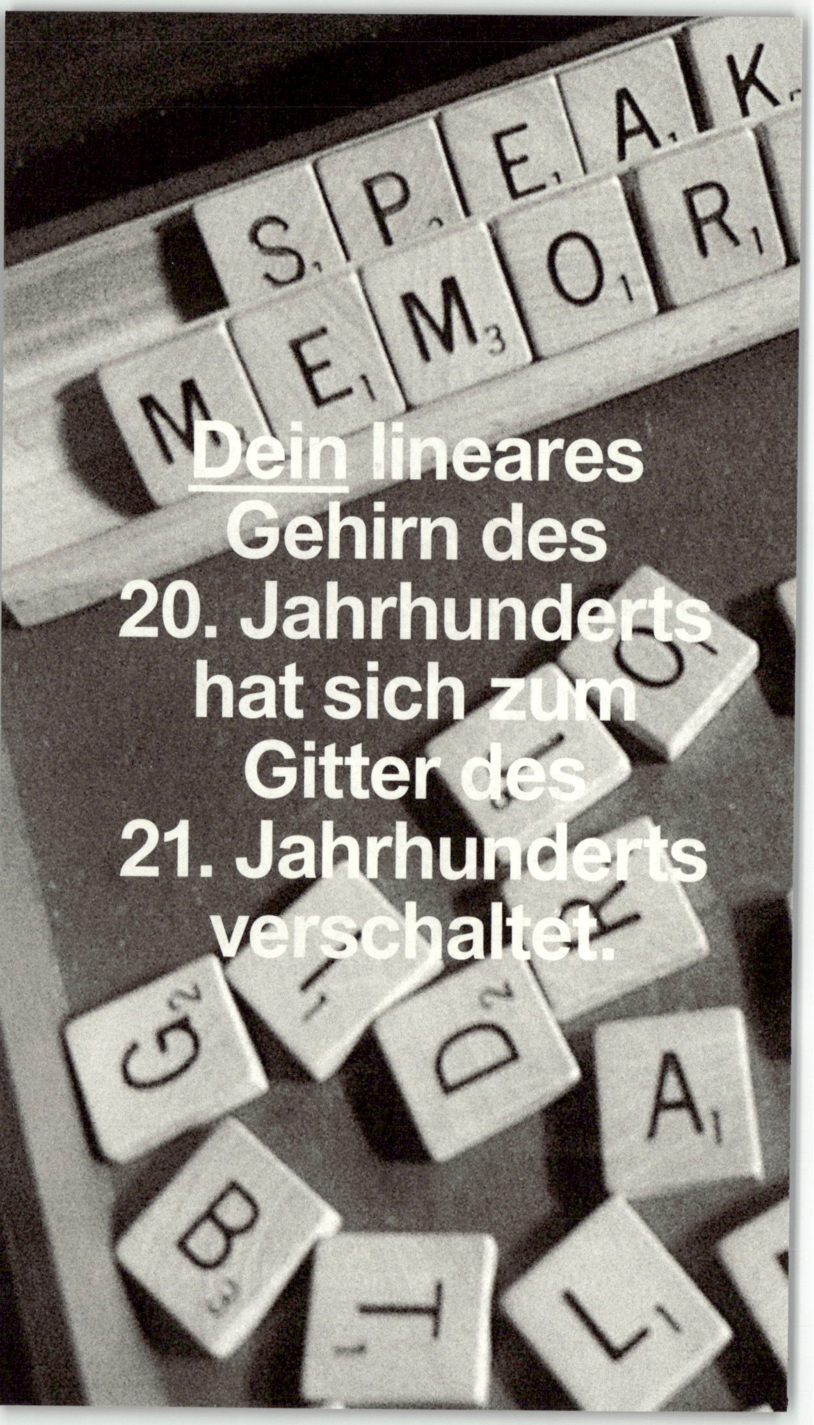
Dein lineares Gehirn des 20. Jahrhunderts hat sich zum Gitter des 21. Jahrhunderts verschaltet.

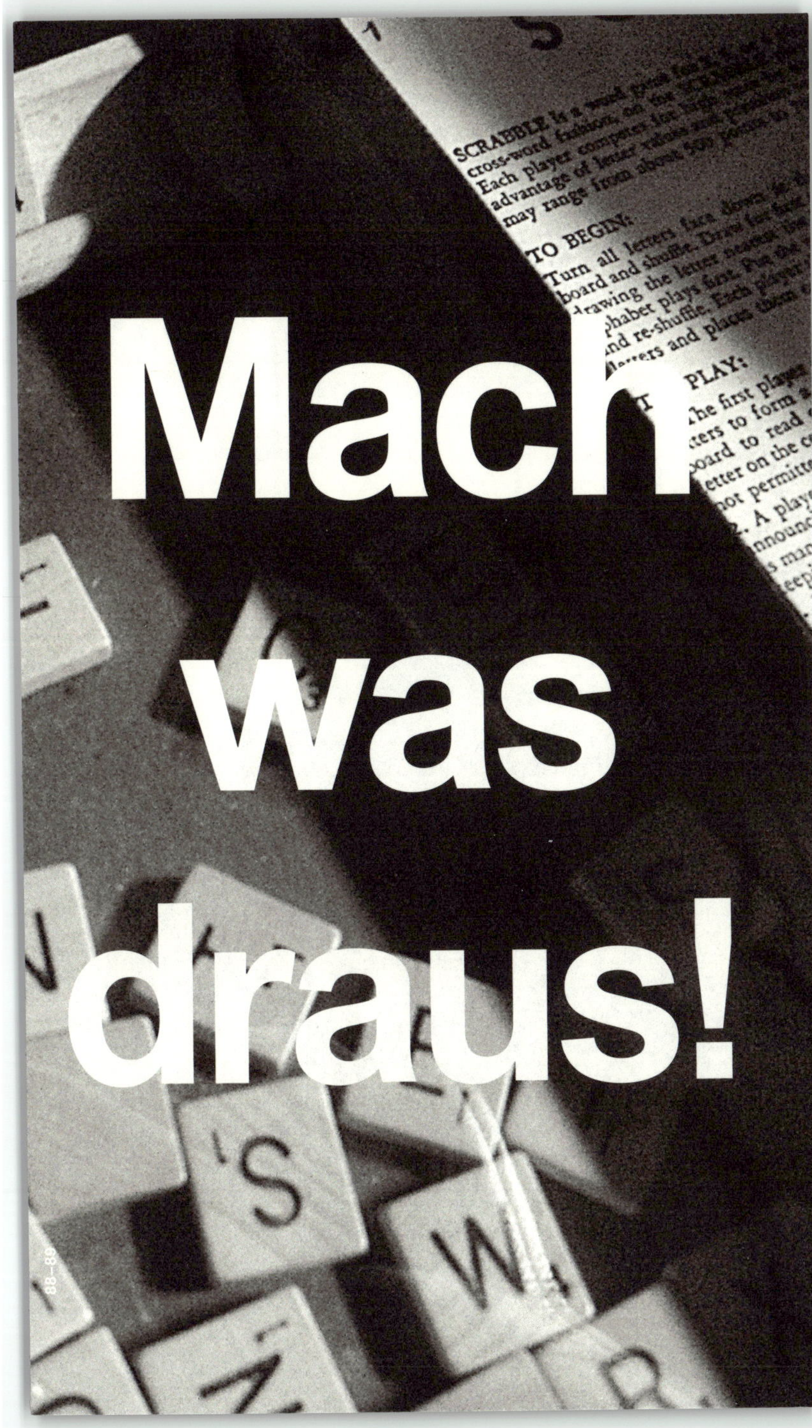
Mach
was
draus!
TO BEGIN:
PLAY:

Aber je mehr Erinnerungen du auf der Festplatte und in der Cloud speicherst, umso künstlicher werden sie. Wer den ganzen Tag vor dem Bildschirm hockt, hat keine eigene Erinnerung als die, den Kühlschrank geöffnet und sich eine Cola herausgeholt zu haben …

90–91
… Das ist gruselig!

KEIN GESICHT

ERKANNT

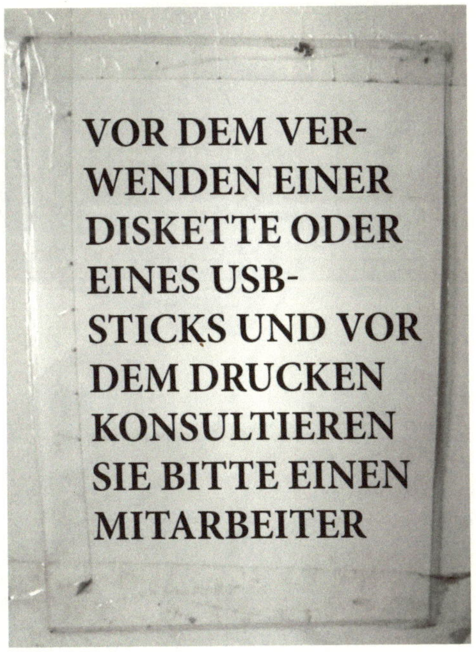
VOR DEM VER-
WENDEN EINER
DISKETTE ODER
EINES USB-
STICKS UND VOR
DEM DRUCKEN
KONSULTIEREN
SIE BITTE EINEN
MITARBEITER

Nur so ’ne Idee …

Vielleicht ist es ja okay, kein Individuum mehr sein zu wollen.

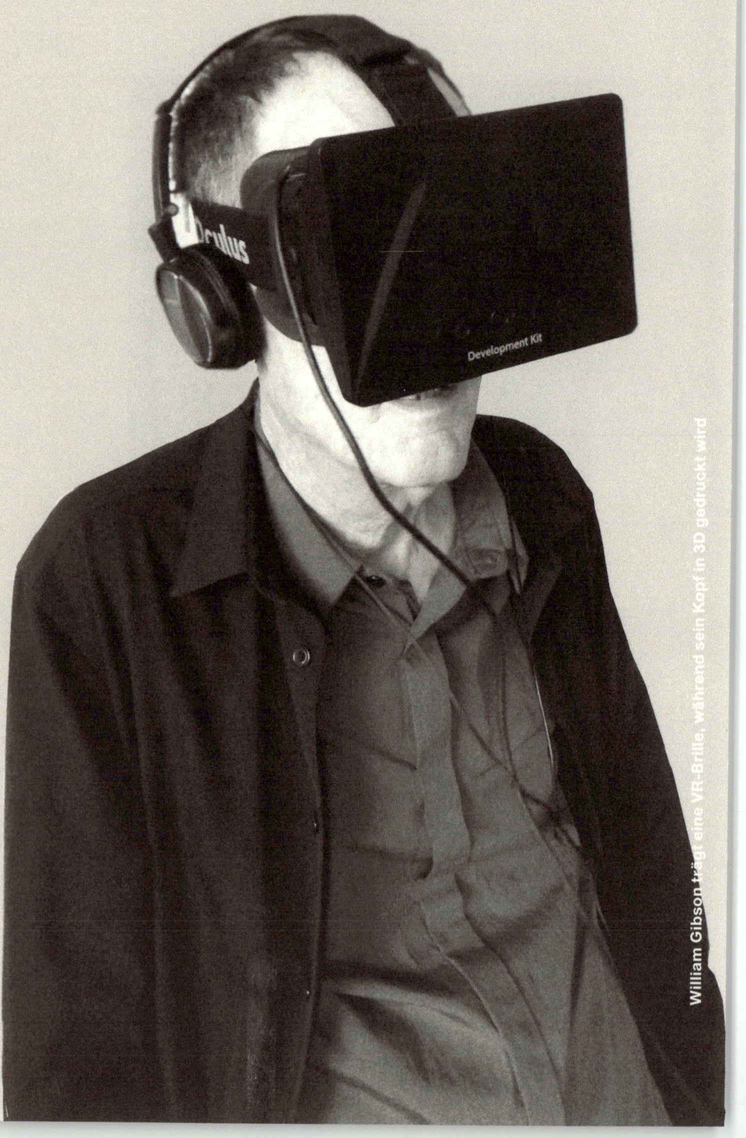

William Gibson trägt eine VR-Brille, während sein Kopf in 3D gedruckt wird

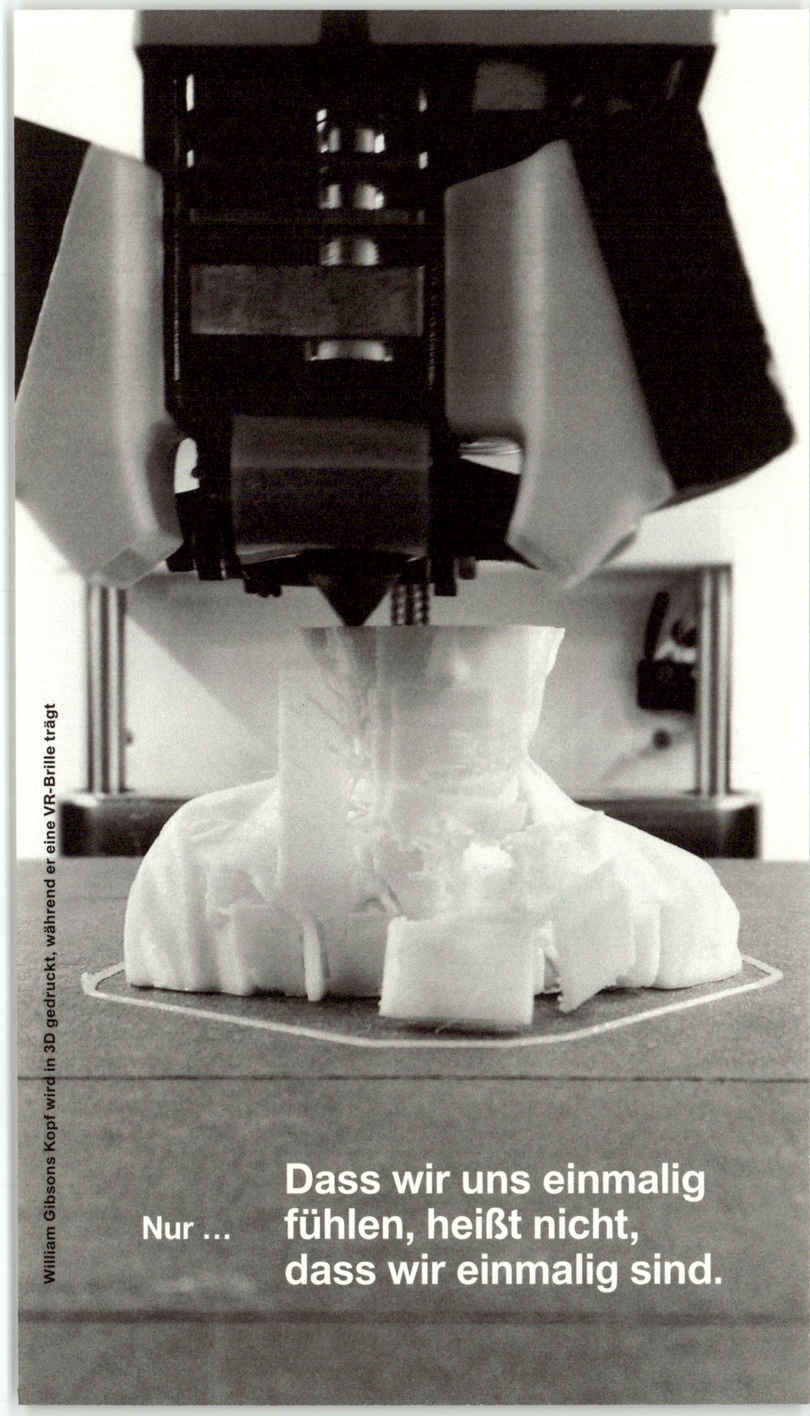

William Gibsons Kopf wird in 3D gedruckt, während er eine VR-Brille trägt

Aber aus genau diesem Gefühl der Einmaligkeit ziehen wir den Schluss, dass wir eine Seele haben.

Individualismus
ist vielleicht nur
eine Hirnmutation,
die nicht alle
Menschen gleich
trifft.

Viele Menschen
gehören gern zu
einer Gruppe, egal
welcher. Und wer
nicht dazugehört,
ist eine Bedrohung.

Monophobie, die

Die Angst, ein Individuum zu sein.

Ego-Brille, die

Die Unfähigkeit, sich wirklich
mit den Augen anderer zu sehen.

93 new followers
20 new followers
Dein
Blog
ist
jetzt
einer
von
sieben
Milliarden
90 new followers
62 new followers

Entselbstung, die

Bewusste Verwässerung der eigenen Ich-Wahrnehmung durch massenhafte Publikationen im Internet.

Rückentselbstung
(*auch Rückverselbstung*), die

Der Versuch, meist so panisch wie zwecklos, die Entselbstung rückgängig zu machen.

Schade, dass ich keine Mails mehr von nigeria-nischen Prinzen bekomme

Lesen vermittelt das Gefühl, ein Individuum zu sein, und war der Grundstein des 20. Jahrhunderts.

Das Internet vermittelt
das Gefühl, einer von sieben
Milliarden zu sein.

Das Internet baut das Gehirn zur App um …

… einer App namens

Wie benutzt du dich
als App?

Was passiert,
wenn jemand deinen
ICH-Button klickt?

Was passiert, wenn ICH
auf eine Situation
angewendet wird?
Wird die Situation locker?
Witzig? Doof? Öde?

Was kann deine Ich-App,
was keine andere
App der Welt kann?

ICH
DOWNLOAD NOW

Willkommen …

108–109

MICHEL HOUELLEBECQ
… in der postanalogen Existenz.
We´re made to die

»Einsamkeit entsteht nicht dadurch, dass man
keine Menschen um sich hat, sondern vielmehr dadurch,

dass man die Dinge, die einem
wichtig erscheinen, nicht mitteilen kann.« C.G. Jung

Zuletzt war »J« süchtig nach Dating-Seiten. Er besuchte sie mindestens einmal am Tag, an den Wochenenden häufiger. Sein Profilbild zeigt nur seinen Oberkörper. »J« hat nie gern geflirtet. Das ist jetzt Vergangenheit. Aber »J« ist ungern offline, denn …

Offline
=
Einsamkeit

Wenn
er sich
nicht
jeden
Moment
intim
fühlt,
fühlt er
sich tot.

Erstmals in der Geschichte glauben Heteros wie »J«, dass sie so oft Sex haben, wie sie das von Schwulen annehmen.

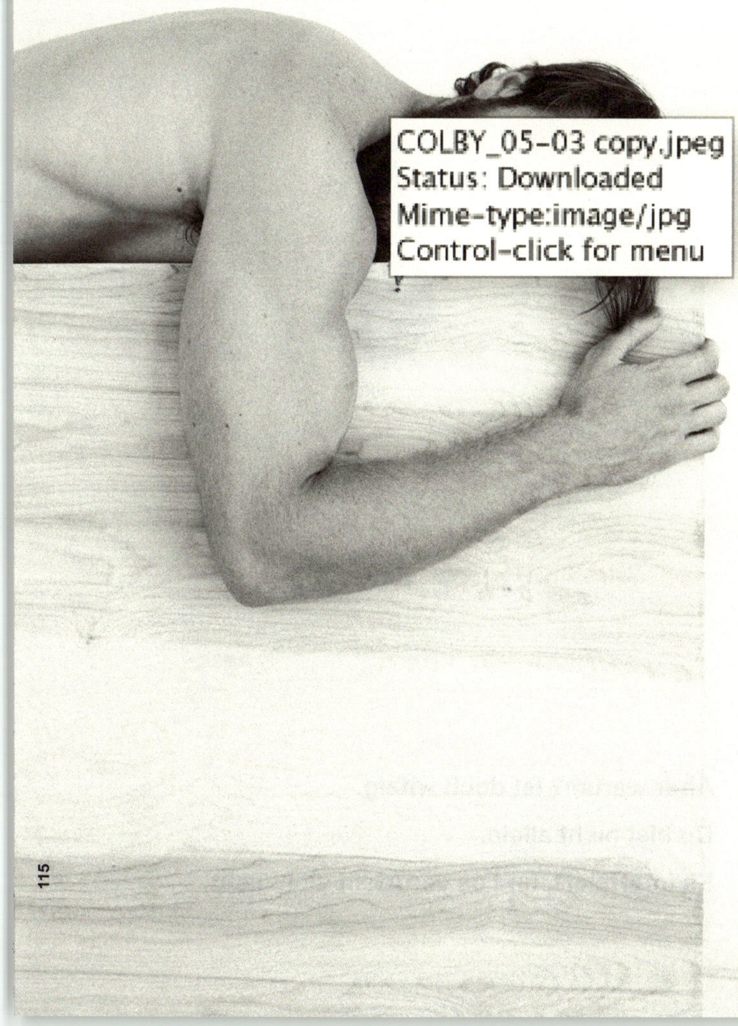

Manche Leute meinen, du solltest raus aus dem Internet.

Aber warum? Ist doch witzig.

Du bist nicht allein.

Es informiert, und es verurteilt dich nicht.

In diesem Moment …

… fühlen alle Menschen auf der Welt dasselbe wie du.

Die Menschheit hatte nicht mehr so viel gemeinsam, seit ein paar Neandertaler in ihren Höhlen die Eiszeit ausgesessen haben.

Wie ist jemand drauf, der dir einreden will, dass Vernetzung schlecht ist?

Warum solltest du mit so jemandem etwas zu tun haben wollen?

Bewahre
mich vor
dem,

was Amazon
mir als meine
Wünsche
vorschlägt.

Ihr Passwort muss mindestens 14 Zeichen oder länger sein.

Groß- und Kleinschreibung beachten!

Es muss mindestens einen Großbuchstaben und einen Kleinbuchstaben enthalten.

Es muss mindestens ein nicht-alphanumerisches Sonderzeichen enthalten.

Es darf keine Leerzeichen enthalten.

Es darf keine Tabs, fremdsprachigen Symbole oder diakritischen Zeichen wie ü, é, ę, æ, å oder ī enthalten.

Es darf vor- und rückwärts gelesen keine mehr als fünf Zeichen langen Bestandteile Ihres Vor- oder Nachnamens enthalten, unabhängig von Groß- und Kleinschreibung.

Es darf vor- und rückwärts gelesen keine mehr als fünf Zeichen langen alphabetischen Folgen enthalten, unabhängig von Groß- und Kleinschreibung.

Nicht-alphanumerische Sonderzeichen dürfen nicht in Emoticon-Format angeordnet werden, zum Beispiel :), ;), <3.

Es darf keine Zeichenfolgen von drei oder mehr identischen Buchstaben enthalten, zum Beispiel aaa, 1111.

Sarah Palins Facebook Passwort war 1234

Der Start-Code des Präsidenten lautete 00000000

Es darf keine zwei aufeinanderfolgenden Buchstaben Ihres Nutzernamens enthalten.

Es darf keine zwei aufeinanderfolgenden Buchstaben Ihres Log-in Passwort enthalten.

Es darf keine zwei aufeinanderfolgenden Initialen Ihres Namens enthalten.

Es darf nicht mehr als drei aufeinanderfolgende Ziffern Ihres Geburtsdatums im Format tt/mm/jjjj oder mm/tt/jjjj enthalten.

Es darf keine Wörter oder Eigennamen von mehr als fünf Zeichen Länge enthalten, unabhängig von Groß- und Kleinschreibung.

Das Passwort muss jeden fünften Tag geändert werden.

Nach zwei erfolglosen Log-in Versuchen wird das Konto gesperrt.

Von unserem Algorithmus als zu schwach befundene Passwörter werden abgelehnt.

Geben Sie Ihr Passwort an niemanden weiter, auch nicht an Ihren Partner.

Neue Passwörter müssen mindestens einen Buchstaben, eine Zahl und ein Symbol enthalten:

~~happycamper~~

~~happycamper5~~

~~happycamper*~~

happycamper*5 ✓

Internet-
sucht
ist die
neue
~~Sex-~~
Intimitäts-
sucht.

ICH MÖCHTE GERN
MIT EINEM MENSCHEN
SPRECHEN.

Gegensätze ziehen sich an.

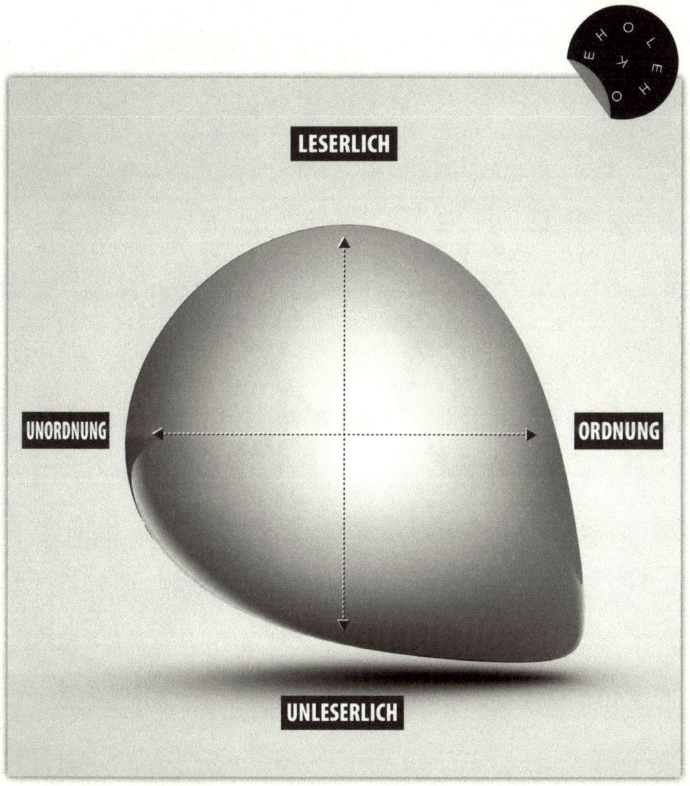

Dann greifen sie sich an.

128–129

Komisch, dass sich die scheinbar nettesten Leute nachts, wenn sie allein durchs Internet surfen, in Trolle und Monster verwandeln. Die Anonymität reißt ihnen die Maske vom Gesicht.

Wie halte ich jemanden auf, mich zu behelligen?

Entfernung:
300 Meter

Online vor 32
Minuten

28 Jahre

1,65 Meter

61 Kilogramm

Asiatischer
Herkunft

Komisch. Wir sind heute vernetzter als je zuvor, aber aus irgendeinem Grund fühlen wir uns einsam.

Wie kommt das?

Beziehungs-
status:
Kinder:
Herkunft:
Körpertyp:
Größe:
Religion:
Rauchverhalten:
Trinkverhalten:

Wenn ich morgens meine Mails aufmache, ist das wie ein Rubbellos. Aber ich kann nicht nur gewinnen, ich kann auch verlieren. Geld. Freunde. Status. Arbeit. Liebe.

Manchmal schaue ich mir die einsamen Hunde an, die vor dem Supermarkt angeleint sind und artig darauf warten, dass ihr Herrchen mit den Einkaufstüten rauskommt. Die Hunde warten darauf, dass ihr Rudel und damit ihr Identitätsgefühl wieder komplett ist. Wenn Katzen vorbeistreunen und die Hunde sehen, denken sie wahrscheinlich, Mann, was für Versager.

Macht uns das Internet
zu Hunden
oder zu Katzen?

In den Neunzigern verkleidete sich ein Dreißigjähriger aus Florida als Mädchen und ging anderthalb Jahre lang zur Schule, ehe er aufflog. Gelegentlich täuschte er eine Erkältung vor, blieb zuhause, ließ sich einen Bart wachsen und besuchte die Elternabende als sein eigener Vater. Irgendwie sind wir doch heute alle picklige Jungs, die sich als knackige Cheerleader ausgeben.

Wer bist du, wenn du online bist? Inwieweit ist deine Online-Persönlichkeit das Gegenteil von dir?

Andererseits gibt es viele Leute, die früher in der wirklichen Welt eine Menge Unheil angerichtet hätten. Heute richten sie ihr Unheil online an.

Fazit: Zu viel Freizeit ist ein Unheil.

Sie können zur nächsten
Seite springen in 2 Sek.

Im Internet sollte man immer davon ausgehen, dass der Fremde im Chat ein langhaariger Vierzigjähriger in Windeln ist.
ARMY
138–139

Im Internet lernen sich dauernd Menschen kennen.

Aber wenn zwei Spinner zusammenfinden, bestätigen sie sich nur gegenseitig.

Und am Ende sind beide völlig spinnert.

Und das bei sieben Milliarden Menschen …

… sieben Milliarden
gelangweilten Menschen.

Gelang-
weilte
Menschen
sehnen
sich nach
Krieg.

Echt.

Aber die Kriege von heute scheinen gar nicht mehr zu . . . .

. . . .
. . . .
. . . .
. . . .
. . . .
. . . .
. . . .
. . . .
. . . .
. . . .
. . . .
. . . .
. . . .
. . . .
. . . .
. . . .
. . . .
. . . .

. . . . enden

Sie werden zum Dauerzustand.

Wörter des Jahres im Jahrzehnt des »Kriegs gegen den Terror«

2001: 11. September
2002: Teuro
2003: Das alte Europa
2004: Hartz IV
2005: Bundeskanzlerin
2006: Fanmeile
2007: Klimakatastrophe
2008: Finanzkrise
2009: Abwrackprämie
2010: Wutbürger
2011: Stresstest

GE-
FÄLLT
DIR
ON-
LINE
VIELES?
Liken
ist nicht
Wählen

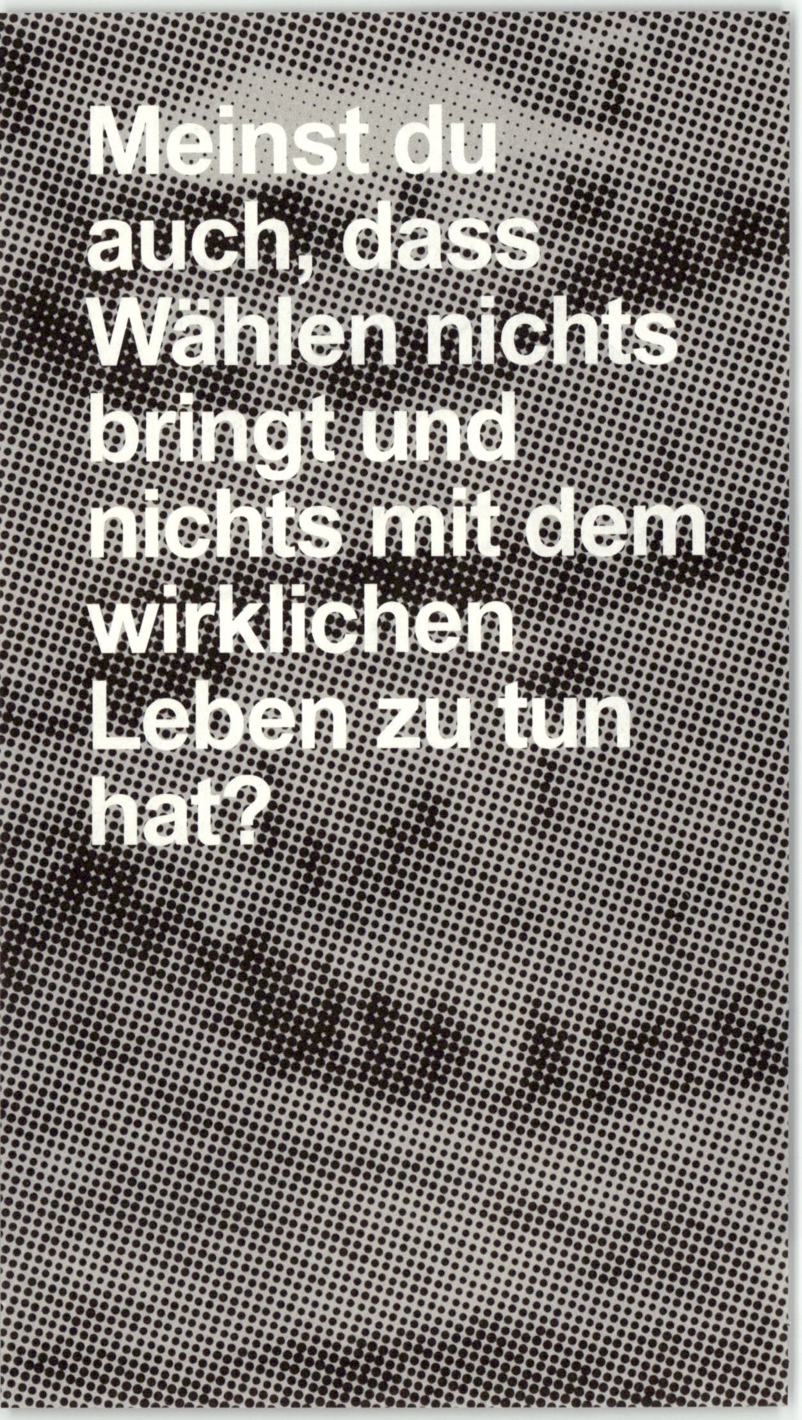
Meinst du
auch, dass
Wählen nichts
bringt und
nichts mit dem
wirklichen
Leben zu tun
hat?

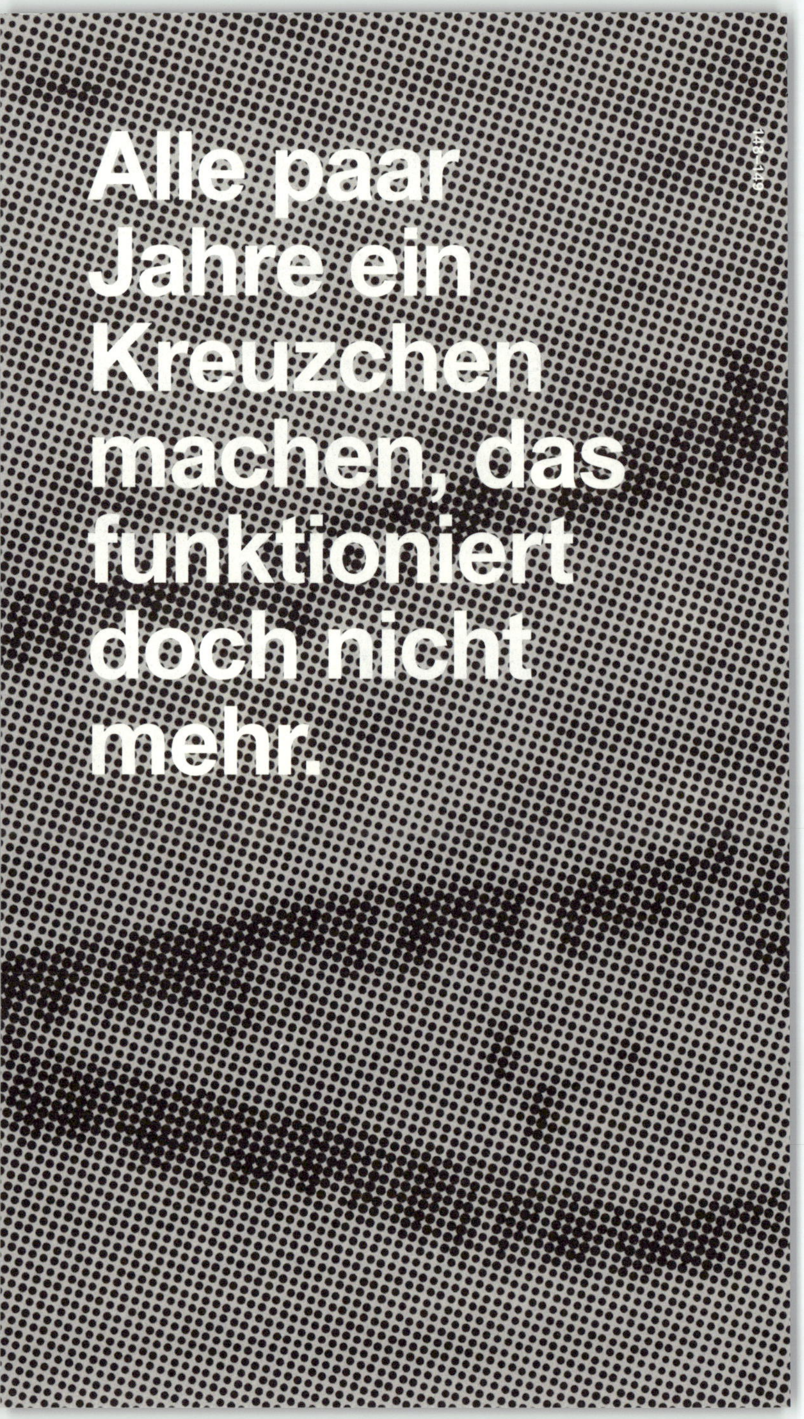
Alle paar
Jahre ein
Kreuzchen
machen, das
funktioniert
doch nicht
mehr.

»Für uns sind amerikanische Präsidentschaftswahlen wie Pornos«, sagte ein chinesischer Bürger. »Wir können nicht mitmachen, aber wir glotzen trotzdem.«

Kristesse, die

Zustand der Langweile
angesichts der globalen Krise.

Das Internet löscht alle politischen Parteien.

Das Internet nimmt im Gehirn jetzt den Platz ein, den früher Religion oder Politik besetzt hatten. Wer hätte das gedacht? Aber was wäre wenn …

… deine Gemeinschaft nun etwas ist, was du nachts um halb 12 auf einer Website besuchst?

FRAGE:

Warum ruft uns eigentlich niemand an und sagt: »Hey, komm rüber, wir setzen uns auf die Couch und surfen gemeinsam durchs Netz«?

Obwohl das Internet so viele neue und interessante Gruppen entstehen lässt, bleibt es komischerweise eine einsame Angelegenheit.

ABER:

Obwohl das Internet ein Gefühl der Einsamkeit vermittelt, bringt es Menschen zusammen.

Noch wissen wir nicht, wer siegt: der Einzelne oder der Mob.

156–157

Das ist vielleicht die Frage des Jahrhunderts.

1989

Die Nach-89er – die nach dem Fall der Berliner Mauer und den Protesten auf dem Platz des Himmlischen Friedens Geborenen – sind in einer Welt der gescheiterten Wirtschaft und Politik groß geworden.

SIE
SIND
UNSENTIMENTAL.

Denn ...
Diesen Monat heißt es:
Liberalis-mus!
Bis ans Ende der Zeit

Und …

Nächsten Monat:

Die Alten sind wieder am Ruder?!

Stell dir vor ...

du hast eine Verabredung mit dir selbst. Nichts Romantisches, nur Kaffee. Ihr trefft euch an einem neutralen Ort, wo man nicht angemacht wird, vielleicht ein Bahnhofscafé oder so. Es ist 11 Uhr – die denkbar unromantischste Tageszeit, wie die Wissenschaft eines Tages nachweisen wird.

Um es klarer zu machen. Die Person, die du gleich kennenlernst, hat nicht dieselbe DNA wie du – sie ist kein Klon und kein Zwilling. Sie wurde von einem superintelligenten Computer ausgewählt, weil sie in so vielen Punkten wie möglich mit dir übereinstimmt. Theoretisch könnte sie viel älter, jünger oder reicher sein als du, aber das ist unwahrscheinlich. Vermutlich seid ihr alters-, geschichts-, einkommens- und musikgeschmackmäßig fast identisch. Die Person könnte dem anderen Geschlecht angehören, aber das ist auch unwahrscheinlich. Der Computer hat nämlich denjenigen Menschen ausgesucht, der dir in Intelligenz, Politik, Religion, Moral, sexuellen Vorlieben, Humor, Kindheitserfahrungen, Erwachsenenerfahrungen und so ziemlich allem anderen so ähnlich wie möglich ist.

Wie könnte die Begegnung verlaufen? Vielleicht würdet ihr euch prima verstehen. Ihr müsst euch nicht mit langen Erklärungen aufhalten, denn ihr kennt euch ja schon! Ihr seid identisch! Stell dir nur vor, was ihr euch gegenseitig empfehlen und wovor ihr euch warnen könntet: Filme, Geschäfte, Kirchen, Gerichte, Länder, Hotels, andere Leute ... Cool!

Aber stell dir vor, du begegnest dir selbst und es ist einfach ... langweilig. Man will ja schließlich nicht dauernd in den Spiegel schauen, das Leben geht irgendwann weiter. Vielleicht denkst du nach dem Treffen nur, naja, das war doch nicht ganz uninteressant.

Aber noch wahrscheinlicher ist es, dass du dich selbst einfach nur ankotzt. Wir neigen dazu, an anderen Leuten all das abzulehnen, was uns an uns selber nervt, und das wäre bestimmt ein Test. Bleibt nur zu hoffen, dass du in so einer Begegnung schnell all das erkennst, was du an dir ändern möchtest. Dann wäre es wenigstens so eine Art Selbsthilfe.

Aber treiben wir das Spiel ein bisschen weiter. Stell dir vor, der Supercomputer stellt dir auch noch die nächsten zehn Leute vor, die dir so ähnlich wie möglich sind. Zusammen wärt ihr Zwölf dann so etwas wie ein einziger Mensch, der gleichmäßig auf ein Dutzend Körper verteilt ist. Wahrscheinlich kämt ihr gut miteinander aus. Ihr könntet zusammen in eine WG ziehen. Das wäre dann so was wie ein

Sektenhaus: „Das sind unheimliche Leute, die denken alle dasselbe. Geh da ja nicht hin!"

Gehen wir noch einen Schritt weiter. Stell dir vor, der Supercomputer findet 1000 Leute, die so sind wie du. Oder 10 000. Wo würdest du die Grenze ziehen und sagen, „Nee, die sind mir jetzt zu anders"? Kriminelle Tendenzen? Langweilige Schwätzer? Schweinskram? Geschlecht?

Noch ein Gedanke: Stell dir vor, du hast eine Existenzkrise und brauchst echten Rat. Wer könnte dir da besser helfen als ein unbeteiligter Doppelgänger? Probleme oder Ideen könntest du ganz einfach an „dich selbst" crowdsourcen.

Aber gehen wir noch weiter. Was, wenn der Computer die 51 Prozent der Bevölkerung auswählen würde, die dir am ähnlichsten sind? Dann könntet ihr eine Partei gründen, eine ohne Streitereien. Diese „Ich"-Partei hätte schon gewonnen. Du könntest regieren! Aber worüber wird definiert, wer dazu gehört und wer nicht? Beatles oder Stones? Atheisten oder Gläubige? Sekt oder Selters? Brust oder Keule?

Das klingt heute vielleicht noch wie ein Gesellschaftsspiel, aber wenn du in zwanzig Jahren ein paar Billiarden Petabyte Speicherplatz zur Verfügung hast, wird es eine App geben, mit der du in 0,27 Sekunden deinen Doppelgänger findest. Das wird wahrscheinlich schnell öde. Wenn wir eines von Google gelernt haben, dann vor allem, wie schnell die verrückteste Technik selbstverständlich wird.

Wahlen werden sich komplett verändern. Wenn überhaupt noch jemand wählen geht, dann werden wir wissen, welcher Prozentanteil am Wahltag mit dem Aufzug gefahren ist, wer den Türknopf gedrückt hat, wer welche Hemdfarbe getragen und wer mit wie vielen anderen Wählern gesprochen hat. Auf Nachfrage können wir Gesprächsmitschnitte hören und per Algorithmus ermitteln lassen, ob er oder sie für den Abend Sex geplant hatte. Oder Waschmittel kaufen wollte. Dann können wir die Wurzel aller in den letzten 15 Minuten gewählten Telefonnummern errechnen lassen und … Du siehst, worauf es hinausläuft: unendliche Datenmengen, die sich unendlich kombinieren lassen.

Beim Wählen geht es dann vor allem um eins: Wer definiert die neuen 51 Prozent? Nach welchen Kriterien und mit welchen Algorithmen? Das ist nämlich die eigentliche Zukunft des Wählens: Es ist eine Verabredung mit uns selbst. Sei du selbst!

Hiermit bestätige ich, dass ich die Allgemeinen Geschäftsbedingungen und die Datenschutzerklärung gelesen habe und diesen zustimme.

❑ **Durch Klicken erkläre ich meine Zustimmung zu den genannten Bedingungen und Regeln.**

Würdest du jemanden wählen, der auf Facebook ein Foto einstellt, auf dem er in den Schnee kotzt?

Ja ☐ Nein ☐ Vielleicht ☑

An etwas
glauben, von
dem du weißt,
dass es
bescheuert ist.
Irgendwie
macht es das
glaubwürdiger.

Kampf den Gemäßigten

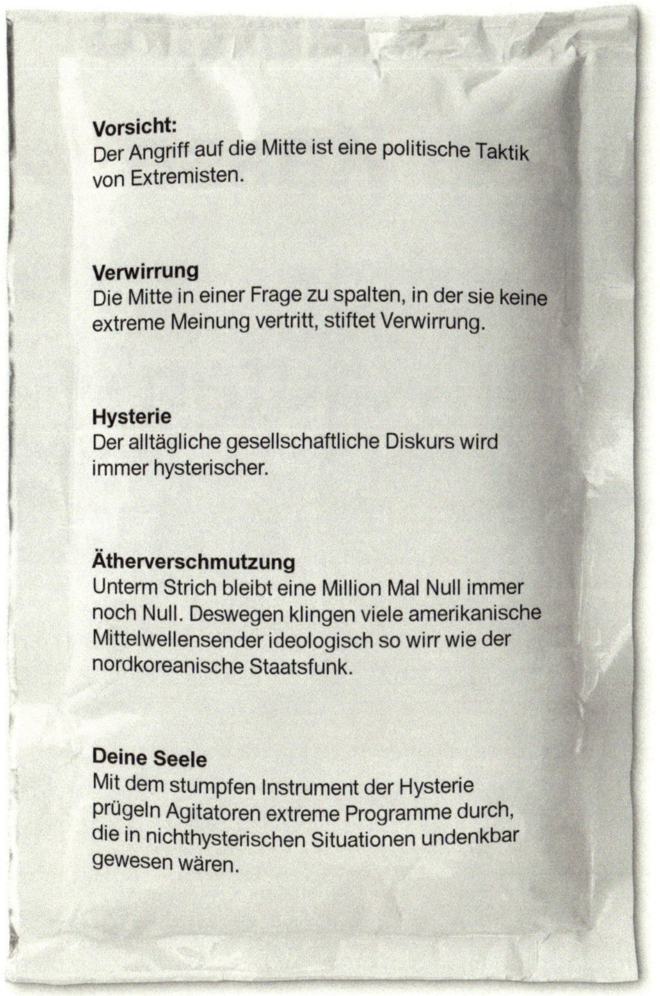
Vorsicht:
Der Angriff auf die Mitte ist eine politische Taktik von Extremisten.
Verwirrung
Die Mitte in einer Frage zu spalten, in der sie keine extreme Meinung vertritt, stiftet Verwirrung.
Hysterie
Der alltägliche gesellschaftliche Diskurs wird immer hysterischer.
Ätherverschmutzung
Unterm Strich bleibt eine Million Mal Null immer noch Null. Deswegen klingen viele amerikanische Mittelwellensender ideologisch so wirr wie der nordkoreanische Staatsfunk.
Deine Seele
Mit dem stumpfen Instrument der Hysterie prügeln Agitatoren extreme Programme durch, die in nichthysterischen Situationen undenkbar gewesen wären.

… in den Warenkorb

… zur Kasse

… weiter einkaufen?

Es heißt, wir erfinden entmenschlichende Technologien. Aber Tatsache ist doch, dass alles, was Menschen erfinden, immer Ausdruck ihrer Menschlichkeit ist. Die Technologie kann gar nicht entmenschlichen, weil sie von Menschen gemacht ist. Wirklich unmenschliche Technologie kann nur von Außerirdischen erfunden werden.

Ob die Technologie nicht entmenschlicht, sondern vermenschlicht?

Aber wenn die Technologie immer nur Ausdruck unseres Menschseins ist, können wir dann etwas erfinden, das intelligenter ist als wir?

Es passiert immer öfter, dass Maschinen hinter deinem Rücken über dich tuscheln

Technologie begünstigt oft die Bösen

Die ungeplanten Nebenwirkungen der Technologie bestimmen unsere Zukunft.

172–173

Wir können nur hoffen, dass wir etwas erfinden, das intelligenter ist als wir.

Aber was wäre das?

Wir brauchen

… Singularität.

Vielleicht weißt du, was Singularität ist, vielleicht auch nicht.

Also, technologisch versteht man unter Singularität die Erfindung einer Überintelligenz. Da die Fähigkeiten einer solchen Intelligenz unsere Vorstellungskraft sprengen, ist die Singularität der Moment, über den hinaus wir keine künftigen Entwicklungen mehr vorhersehen können.

Vertreter der Singularität erwarten eine »Intelligenzexplosion«, weil die Überintelligenzen schnell immer intelligentere Maschinen erfinden. Am Ende stehen Maschinen, die um ein Vielfaches intelligenter sind als wir.

Der Erfinder des Begriffs »Singularität« war der Mathematiker John von Neumann. Mitte der 1950er sprach er von einem »sich stets beschleunigenden technologischen Fortschritt und ... Veränderungen in der Art und Weise menschlichen Lebens, die den Anschein machen, auf eine unumgängliche Singularität in der Geschichte der Menschheit hinauszulaufen, nach der das Leben der Menschen, so wie wir es kennen, nicht weitergehen kann.« Bekannt gemacht hat diesen Gedanken der Futurist Ray Kurzweil, der diese Definition in einem Vorwort zur Neuauflage von Neumanns Klassiker *Die Rechenmaschine und das Gehirn* zitierte.

Kurzweil geht davon aus, dass die Singularität 2045 erreicht ist, der Mathematiker Vernor Vinge erwartet sie noch vor 2030 …

Aber …

Auf die Singularität zu warten ist auch irgendwie öde.

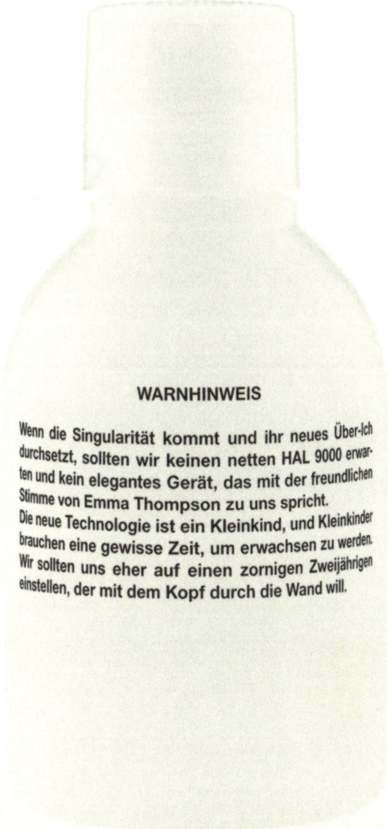
WARNHINWEIS
Wenn die Singularität kommt und ihr neues Über-Ich durchsetzt, sollten wir keinen netten HAL 9000 erwarten und kein elegantes Gerät, das mit der freundlichen Stimme von Emma Thompson zu uns spricht.
Die neue Technologie ist ein Kleinkind, und Kleinkinder brauchen eine gewisse Zeit, um erwachsen zu werden. Wir sollten uns eher auf einen zornigen Zweijährigen einstellen, der mit dem Kopf durch die Wand will.

70%

Bis dahin bleibt uns aber noch eine Menge Freizeit.

Aber Moment mal …

Seien wir mal ehrlich.

Das Nichts- tun ist irgend- wie schwer geworden.

Mit unseren Geräten tun wir nie nichts.

Ich vermisse
das
Nichtstun

FRAGE:
Kannst du damit leben, dass dein gesellschaftlicher Abstieg rein statistisch gesehen sehr wahrscheinlich ist?

FRAGE:
Macht es dir etwas aus, weniger Geld aber mehr Informationen zu haben?

FRAGE:
Was kannst du mit Geld anfangen, was du ohne Geld nicht kannst?

FRAGE:
Hast du Mitleid mit Menschen, deren Arbeitsplatz nach China ausgelagert wurde?

FRAGE:
Hättest du an einer Demonstration gegen die Verlagerung von Arbeitsplätzen nach China teilgenommen?

FRAGE:
Wünschst du dir, dass du mit deinen Händen einmalige Dinge herstellen könntest?

FRAGE:
Darfst du, nur weil du als Erster Zugang zu einer neuen Technologie hattest, über Leute bestimmen, die sie nach dir bekommen?

Es war Frühling.

Ich fuhr nach Schanghai und interviewte dort Fließbandarbeiter einer Fabrik für Internetrouter. Als ich sie fragte, zu welcher Klasse sie gehörten, fragten sie mich, was ich damit meinte. Ich erklärte, dass sich da, wo ich herkomme, die meisten Menschen als „Angehörige der Mittelschicht“ bezeichnen. Obwohl die Dolmetscher ihr Bestes gaben, konnten mir die Arbeiter nicht sagen, wozu sie sich zugehörig fühlten. Sie sahen sich nicht als Angehörige der Arbeiterklasse, der Mittelschicht, oder irgendeiner anderen Klasse. Das gesamte 20. Jahrhundert hindurch waren westliche Zukunftsvisionen immer mit dem unerschütterlichen Glauben an die Mittelschicht verbunden. Sind wir heute an einem einmaligen globalen Moment angekommen? Gehören alte Klassenvorstellungen der Vergangenheit an, oder sind bloß noch keine neuen an deren Stelle getreten?

Vierzigkeit, die

Vierzigkeit ist die zunehmend überholte Vorstellung, dass alles andere als eine 40-Stunden-Woche bei 3 Prozent Arbeitslosigkeit ein Scheitern der Gesellschaft bedeutet. Den Menschen der Zukunft könnte die 40-Stunden-Woche so komisch und grausam vorkommen wie uns die Zwangsarbeit von Siebenjährigen in den Bergwerkschächten des 19. Jahrhunderts.

Ohne
Internet
wäre
Armut echt
schrecklich

Horte alles,
was sich
nicht
herunterladen
lässt

**Ein One Way-
Flug zum
Mars wäre
ganz okay –
vorausgesetzt,
das Raumschiff
hat einen
schnellen
Internet-
anschluss**

Zentrosklerose, die

Zentrosklerose ist die Unfähigkeit, sich vorzustellen, dass eine Gesellschaft ohne eine große Mittelschicht auskommt. Die Zentrosklerose geht davon aus, dass Zukunft und Mittelschicht untrennbar verbunden sind und dass keine ohne die andere überleben kann. Siehe *Amerikanischer Traum*.

Vorstadtblendung, die

Vorstadtblendung ist der Versuch, dem Überbleibsel der Mittelschicht vorzugaukeln, dass die Mittelschicht eine Zukunft hat.

In der Zukunft ist jeder Tag ein Donners-tag

Dauerdonner, der

Wir arbeiten bis ins Grab, das Leben ist ein ewiger Fastfood-Job der Seele. Wochenende? Abgeschafft.

Entklassierung, die

Entklassierung ist der Prozess, in dessen Verlauf man seiner Klasse beraubt wird, ohne eine neue zu bekommen. Wenn man seinen Job in einer Autofabrik verliert und sich stundenweise mit Massagen und Websitepflege durchschlägt, zu welcher Klasse gehört man dann? Zur Mittelschicht? Eigentlich nicht. Zur Unterschicht? Das klingt so vorgestrig. In nächster Zukunft werden sich die heutigen Klassen auflösen und die Menschheit wird sich in zwei Gruppen spalten: die einen, die wirklich etwas können (Chirurgen, Friseure, Hubschrauberpiloten), und alle anderen, die sich irgendwie durchs Leben mogeln. Entklassierung bedeutet auch, dass eine vollvernetzte Welt keine Mittelschicht mehr braucht.

War nett, zur Mittelschicht gehört zu haben.

Detroise, die
Detroit + Neurose

Detroise ist die Angst vor Detroit und das ungute Gefühl, dass es zu spät sein könnte, das bisschen Wirtschaft zu retten, das nach der Auslagerung des größten Teils nach China noch übrig geblieben ist. Detroise ist das Schreckgespenst von zehn Millionen Primaten, die pro Tag 2500 Kalorien verbrauchen, irgendwo auf einem kahlen Affenfelsen herumhocken und den ganzen Tag nichts Besseres zu tun haben als durchs Internet zu surfen. Detroise ist deshalb so quälend, weil sie uns zwingt, über den Sinn unseres Lebens nachzudenken: Wir stehen morgens auf, beschäftigen uns irgendwie und legen uns abends wieder ins Bett, das Ganze etwa 22 000 Mal, und dann sterben wir.

Willkommen
in Detroit.
In der Zukunft ist
überall Detroit.

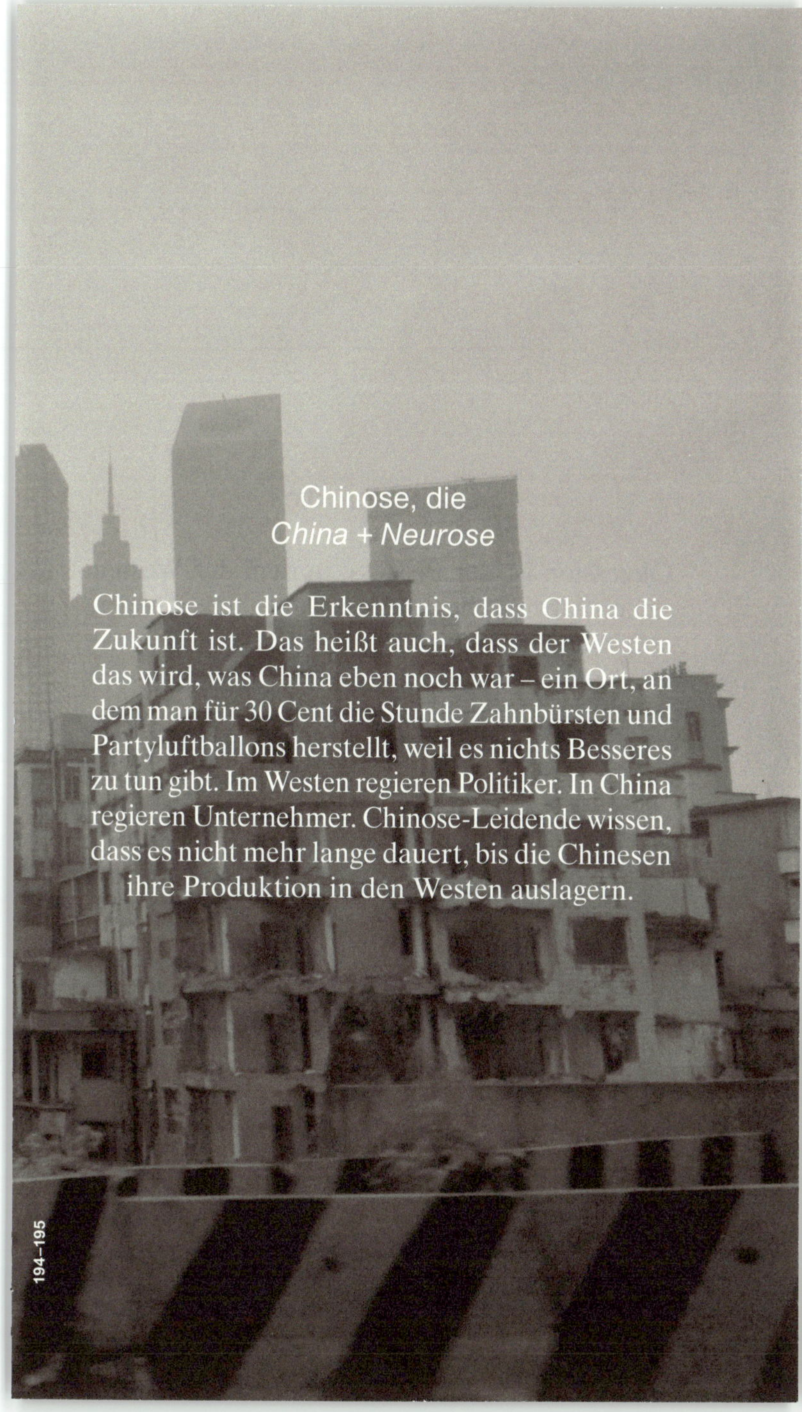

Chinose, die

China + Neurose

Chinose ist die Erkenntnis, dass China die Zukunft ist. Das heißt auch, dass der Westen das wird, was China eben noch war – ein Ort, an dem man für 30 Cent die Stunde Zahnbürsten und Partyluftballons herstellt, weil es nichts Besseres zu tun gibt. Im Westen regieren Politiker. In China regieren Unternehmer. Chinose-Leidende wissen, dass es nicht mehr lange dauert, bis die Chinesen ihre Produktion in den Westen auslagern.

Okzession, die

Okzession ist der Prozess, in dem der Westen seinen Allwissenheitsanspruch auf allen Gebieten aufgeben muss. Das westliche weltliche Denken ist an sein Ende gekommen, oder steckt in einer Sackgasse. Vielleicht kommt es nie aus dieser Sackgasse heraus. Währenddessen schreitet der Osten mit einem Denken voran, das von einem ganz anderen Verständnis von Individualität, Kapital, Globalisierung, Religion, Politik, Ökologie und Nationalismus ausgeht.

Abgestellte, die

Die Abgestellten sind die Angehörigen der neuen Klasse nach dem Ende der Klassengesellschaft. Sie gehören zur künftigen globalen Einheitsklasse, die auf dem klassenlosen Meer umhertreibt. Die Abgestellten gehören weder zur Mittelschicht noch zur Unterschicht (und zur Oberschicht sowieso nicht), und sie wissen, dass sie nur einer von sieben Milliarden sind. Mit einem Sammelsurium von Fähigkeiten mühen sich die Abgestellten, ihre Miete zu zahlen. Bis zu ihrem Tod durch Vernachlässigung in einem heruntergekommenen Altenpflegeheim haben Abgestellte mindestens 17 verschiedene Tätigkeiten ausgeübt, von denen keine mit einem Rentenanspruch verbunden war.

Gedankenblase:

Gesunde Menschen sind schlecht für den Kapitalismus.

Und:

In *Star Wars* geht niemand einkaufen.

UPDATE: Nicht nur Politik und Wirtschaft verändern sich.

Das Geld kommt bald in den Geldhimmel.

Bald wird die Sache mit dem Geld einfach nicht mehr funktionieren.

Plötzlich ist alles knapp, außer das Geld.

202–203

Für diesen Tag solltest du 144 Dosen Thunfisch, einen Stromgenerator und ein großes Fass voll Benzin in der Garage haben.

1 Letztes Wochenende ist mir klar geworden, dass ich vielleicht zwanzig oder dreißig Mal im Leben Monopoly gespielt habe, aber dass ich nie ein Spiel gewonnen habe. Ich kann mich nicht erinnern, dass überhaupt mal irgendjemand gesagt hat: „So, ich habe gewonnen, das Spiel ist vorbei." Ich erinnere mich vor allem an genervte und gelangweilte Mitspieler, die irgendwann aufstehen, um sich was zu Essen zu machen, zu telefonieren oder sonst was, und nie wiederkommen. Am Schluss bleibt einer übrig, der sein Geld zählt und sich kurz reich fühlt, aber das Spiel ist vorbei und das Geld ist nichts mehr wert.

2 Vor ein paar Monaten fuhr ein kanadischer Schwertransporter mit Ölbohrgeräten auf der Autobahn von Seattle nach Vancouver. Mit seiner überhohen Ladung stieß er gegen einen Stahlträger der Brücke über den Skagit River und brachte sie zum Einsturz. Die Autobahn war einen Monat lang gesperrt, während eine provisorische Brücke gebaut wurde. Diese Autobahn – die Interstate 5 – ist eine wichtige Transportroute zwischen den Vereinigten Staaten und Kanada, und auf kanadischer Seite befindet sich die zweitgrößte Lkw-Verladestation an der gesamten Grenze. Der Einsturz der Brücke enthüllte den peinlichen Zustand des Transportwesens in Nordamerika – nichts, wovon die Mächtigen gern reden.

3 In der Welt der Glasfaserkommunikation gibt es ein Phänomen namens „Latenzzeit". Das heißt, dass ein Glasfaserkabel von Chicago nach New York nicht in einer geraden Linie verläuft, sondern in Bögen und Kurven und Zickzack. Wenn ein Glasfaserkabel die beiden Städte in gerader Linie verbinden würde, dann käme das Signal ein paar Millionstelsekunden schneller in New York an als auf der Zickzack-Leitung. Das ist die Latenzzeit. In einer Welt des digitalen Börsenhandels bedeuten diese Millionstelsekunden für Händler mit der schnelleren Verbindung einen winzigen, aber zählbaren Vorteil.

4 Im vergangenen Jahrzehnt haben ein paar halbwegs schlaue Leute einige unglaublich schlaue Leute – vor allem Mathematiker – angestellt und sich Programme schreiben lassen, mit denen sie die Latenzzeit und andere kaum messbare Phänomene ausnutzen, um fantastische Summen aus der Wirtschaft zu saugen. Nur, indem sie die Systemfehler der digitalen Finanzwelt ausnutzen. Sie haben ein paar klugen Studenten ein paar Dollar in die Hand gedrückt und sie in Nachtclubs ausgeführt, dann sind sie ins Büro gegangen und haben die Returntaste gedrückt.

Und damit haben sie Hunderte Milliarden, vielleicht Billionen Dollar verdient.

5 Wir erinnern uns noch alle an den großen Krach, als der Dow Jones unter 7000 Punkte fiel. Es sah so aus, als würde die Sache mit dem Geld einfach nicht mehr funktionieren. Das Geld war nicht einfach weniger wert – es sah richtig so aus, als ob es nicht mehr funktionieren würde. Nicht nur so ein bisschen angekratzt, sondern futsch, nichts mehr zu machen. Ein oder zwei Tage lang hatten einige Leute (nicht nur ich) die Fantasie von eleganten, wohlgenährten Erwachsenen, die wie Zombies auf der Suche nach Benzin, Essen, Sofas, Flugzeugtickets oder sonst was durch die Straßen irren. Nur, dass sie mit ihrem Geld nichts mehr kaufen können. Schluss. Aus und vorbei.

6 Geld ist mehr als ein Schuldschein, auf den sich alle einigen. Es ist ein Stück Infrastruktur und so künstlich wie die Interstate 5, Aspartam oder die dritte Staffel von Mad Men. Wenn nichts dafür getan wird, klappt das Geld zusammen wie die Brücke über den Skagit River. Das zu reparieren, braucht seine Zeit, und wer weiß, welchen Schaden die Menschheit inzwischen nimmt. Wie wird das Geld zum Einsturz gebracht? Es wird zum Einsturz gebracht, weil es ausreicht, dass meine Photonen ein paar Millionstelsekunden schneller durch ein Kabel zischen als deine, um mich fantastisch reich zu machen – fürs Nichtstun.

Hat so ein System unseren Respekt verdient? Die Latenz-Geschichte wird der Öffentlichkeit gern als coole Sache verkauft. Aber in Wirklichkeit kann sie einen krank machen, und sie ist einer der Gründe dafür, dass sich die Welt in letzter Zeit so schief anfühlt. Ein paar halbwegs schlaue Leute aus dem Zeitalter der Latenz melken den Rest, der noch in der digitalen Steinzeit lebt.

7 Im Jahr 2008 waren wir knapp davor, das Geld zu vernichten. Dabei wurde deutlich, wie hoffnungslos veraltet die Infrastruktur des Geldes inzwischen ist. Die halbwegs schlauen Leute, die Milliarden aus der Wirtschaft abgesaugt haben, haben einen kleinen Klapps auf die Finger bekommen und sind vermutlich gerade dabei, die Bewerbungsmappen auf ihrem Schreibtisch nach frischen, unglaublich schlauen Leuten zu durchsuchen. Vielleicht gibt es ja irgendwo da draußen ein Paralleluniversum, in dem die Geschichte nicht so glimpflich abgelaufen ist und wo das Geld nicht mehr zu reparieren ist. Das Monopoly-Spiel ist zu Ende, und niemand weiß genau warum.

Die Reichen werden immer reicher.

»Ich hoffe bloß, dass sie es lokal ausgeben.«

Wenn wir uns ansehen, wie sich das Internet auf die Menschheit auswirkt, dann können wir davon ausgehen, dass demnächst sieben Milliarden Menschen von grenzenloser Information und sehr begrenzten Lebensmitteln leben müssen.

Demnächst ist es egal, wo du zur Welt kommst und wer deine Familie ist. Es gibt keinen Klassenkampf, denn es gibt keine Klassen mehr – nur eine globale Einheitsklasse; ein paar Leute, die etwas können; und ein paar Reiche, die die Produktion von Lebensmitteln und allem anderen kontrollieren.

Du willst nicht in diese Einheitsklasse kommen? Dann brauchst du Talent und Charisma, du musst kochen oder Blinddärme operieren können. Oder du musst ein Kupferbergwerk besitzen.

shift

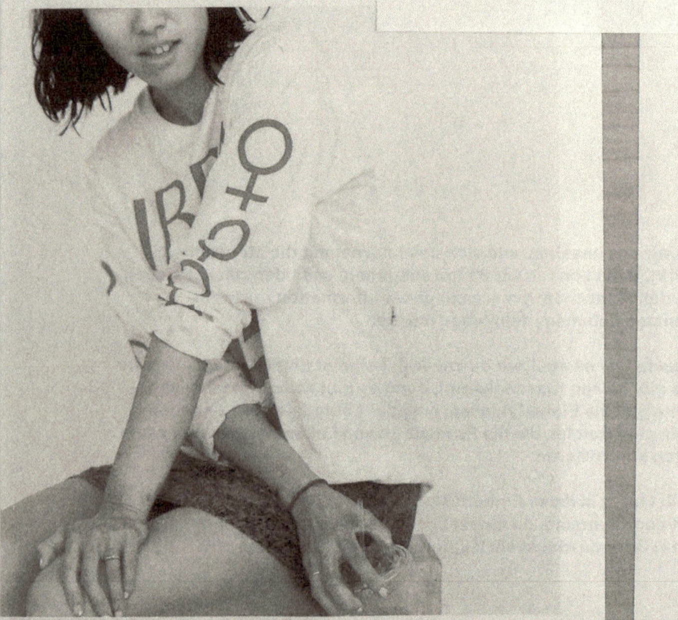

Wo wir gerade bei Charisma sind …

Frage:
Hast du das Gefühl, du solltest berühmt sein?

Frage:
Wenn du berühmt wärst, wofür?

Frage:
Träumst du davon, interviewt zu werden?

Frage:
Was würdest du in einem Interview über dich erzählen, was du sonst nie verraten würdest?

Frage:
Wie würde sich dein Leben verändern, wenn du berühmt wärst?

Frage:
Wie würdest du dich fühlen, wenn dich jemand interviewen würde?

Frage:
Glaubst du an Royalty?

Frage:
Was wäre an deinem Leben anders, wenn du aus einer Königsfamilie kämst? Würdest du bessere E-Mails bekommen? Wärst du e-mail-los? Hättest du mehr und besseren Sex?

Frage:
Ist Ruhm etwas, das die Götter nach Gusto verteilen?

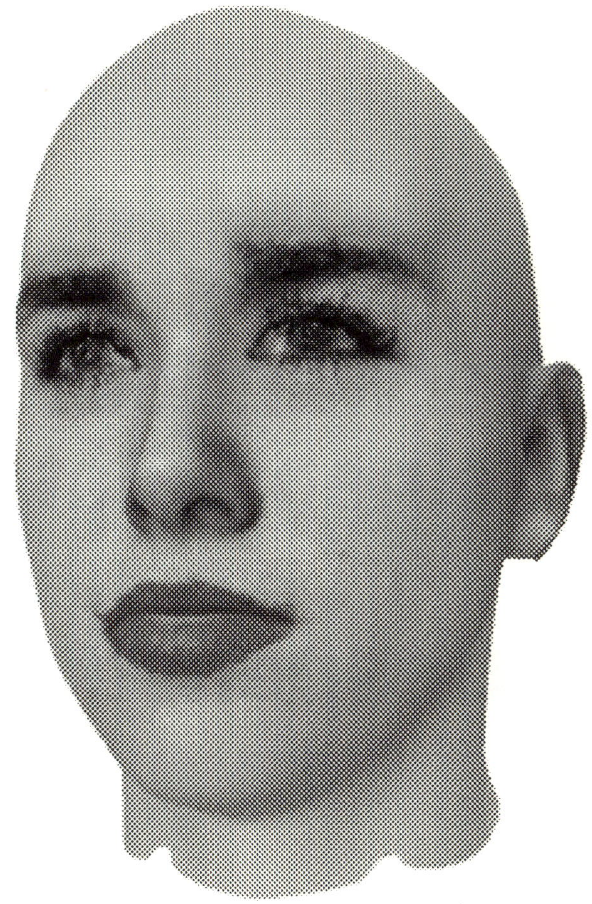

Fotos verwandeln deinen Salat in ein Gespenst.

Die Welt ist zu interessant und gleichzeitig zu langweilig.

Very beautiful photos
i'm sure you are even more
Ein paar Wochen lang ist Shetha_Cute111 aus Mumbai …

… ein Internet-Promi.

214–215

Sie ist nur etwas wert, wenn sie Likes bekommt.

Wildfremde Menschen haben zu Shetha gesagt, dass sie die erste Gewinnerin eines Rechtschreibwettbewerbs ist, die auch im Badeanzug gut aussieht. Doch heute hängen ihr Selbstwertgefühl und ihre Stimmung von den Interaktionen mit ihrem Online-Publikum ab. Täglich um 15.30 Uhr wird sie erst sehr ärgerlich, dann verzweifelt und traurig. Warum? Weil immer weniger Menschen im Internet ihre Inhalte liken.

☹

Arme Promis sind deprimierend

Der höchste Ausdruck unserer Individualität wäre vielleicht, jeden Tag ein Halloweenkostüm anzuziehen. »Je mehr wir wir selbst werden, umso schrulliger werden wir«, schreibt Louise Adler. »Am offensichtlichsten ist dies bei Menschen, die von der Gesellschaft nicht mehr auf Linie gehalten werden, in der Verschrobenheit der Superreichen und der Ausgestoßenen.«

In Zukunft
ist
jeden Tag
Halloween
220–221

Die Frage

›Wo bist du?‹

wird immer unwichtiger.

Wählen Sie einen Startpunkt …
Wählen Sie einen Zielpunkt …
Nutzungsbedingungen
Privatsphäre
Fragen?
1km

224–225

Fliege,
so-
lange
du noch
kannst

Brauchen
posthumane
Menschen
Spiegel?

… verkleinern

… tweeten

… gefällt mir nicht mehr

… update

Nur so ein Gedanke:

Wo endet die Persönlichkeit und wo beginnt der Hirnschaden?

Bei unserer Geburt sind in unserem Gehirn bestimmte Verbindungen angelegt, das heißt, wir sind auf bestimmte Denkweisen programmiert.

Unsere »Persönlichkeit« hängt von kleinen Unregelmäßigkeiten in der Verkabelung und Durchblutung ab, das heißt, sie ist vor allem die Summe aller Macken unseres Gehirns. Die meisten Macken sind schwach ausgeprägt und weit verbreitet – daher die Glockenkurve. Einige Menschen empfinden das als bedrohlich und glauben, dass alle Hirne gleich sind, wenn man ihnen nur eine Chance gibt.

Aber Gehirne sind wie Körper. Würdest du wollen, dass Woody Allen dir hilft, ein Klavier die Treppe hinaufzuschleppen?

Schaltopathie, die

Verhalten, das aus Macken in der Verdrahtung unseres Gehirns herrührt. Was uns zum Thema der Spektrumsstörungen bringt – Verhaltensweisen mit ähnlichen Befunden und Ursachen, die stärker oder schwächer ausgeprägt sein können. Psychiatrische Störungen, die sich auf einem Spektrum verorten lassen, sind zum Beispiel Autismus, Paranoia, Zwangsstörungen, Angststörungen und Störungen, die angeboren sind oder ihre Ursache in Hirnschädigungen oder Alterung haben. Es gibt allerdings noch sehr viel mehr, und jede Kategorie lässt sich wieder in eigene Spektren herunterbrechen.

Was wäre,

wenn es

ein Medikament

gäbe,

mit

dem du

dich mehr

du selbst

fühlst?

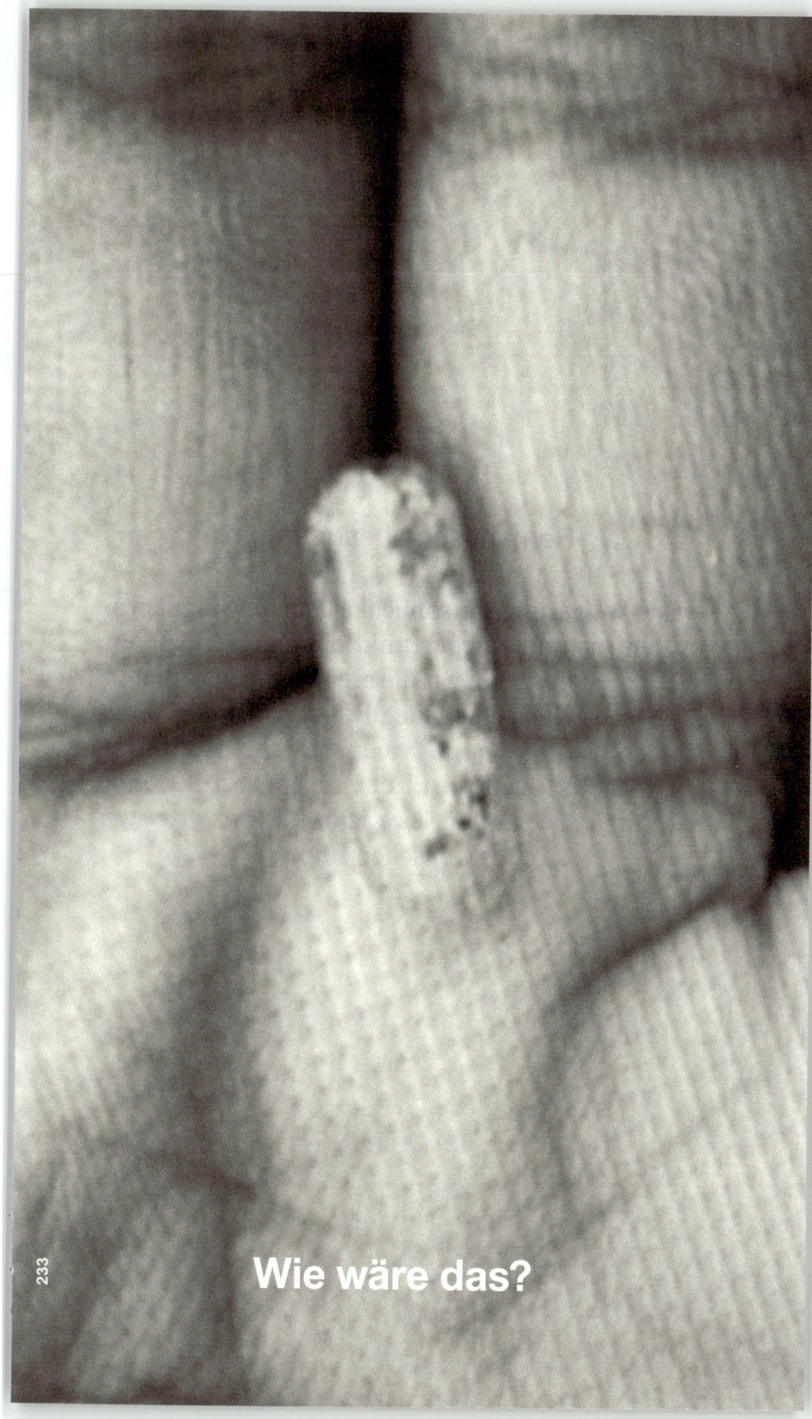
Wie wäre das?

Romantische Leugnung, die

Die Weigerung, Persönlichkeit auf die Summe von Gehirn- und Körperfunktionen zu reduzieren. Rilke sagte, wenn wir unsere Dämonen verlieren, dann verlieren wir auch unsere Engel. Aber auch wenn wir das menschliche Verhalten auf strukturelle und chemische Funktionen reduzieren, ändert es nichts daran, dass wir Menschen sind.

Robert Cornelius, 1839: Das erste überlieferte Selfie?

Hmm …

Wie könnten wir noch freier werden, als wir es heute sind?

Was immer deine Antwort ist – dafür solltest du kämpfen.

Und was ist mit der Seele?

Wir reden noch genauso viel über die Seele wie immer.

Sie bleibt.

»Du hast keine Seele.
Du *bist* eine Seele.
Du *hast* einen Körper.«

G. K. Chesterton

… in der Cloud speichern
… vergrößern
… kopieren
… chat

Wahr
oder
falsch?

1
Dein Leben ist keine Geschichte mehr, aber es kann trotzdem ein Abenteuer sein.

2
Du bist kein Individuum mehr, aber dein Leben kann trotzdem einmalig sein.

3
In einer Welt der rasanten Veränderung kannst du nur überleben, wenn du das tust, was du gern tust. Interesse hält dich am Leben, wenn alles andere versagt.

4
Wenn du Erfolg hast mit etwas, das du widerwillig tust, wirst du deinen »Erfolg« nicht schätzen.

Stell dir vor …

… du installierst eine kleine App auf deinem Laptop oder Handy. Nennen wir diese App »Tott«. Tott liest deine Mails und Berichte und Dokumente und erfährt so eine Menge über dich: Welche Wörter du oft falsch schreibst, wann du deine Tage hast, wann deine Freunde Geburtstag haben. Die App ist nützlich, sie korrigiert deine Fehler und macht dich nebenbei behutsam zu einem besseren Menschen.

Weil dir Tott gefällt, installierst du das Upgrade TottPlus. Jetzt erforscht dich Tott genauer: Wo und wann kaufst du ein? Welche Medikamente und Drogen nimmst du? Wie kommunizierst du mit Eltern und Kunden? Alles Sachen, die sich mit einfachen Algorithmen ermitteln lassen. Keine Peinlichkeiten mehr. Und was ist das? Pierres Weindepot hat deinen Lieblingsbordeaux im Angebot? Voilà!

Tott ist im Alltag eine Stütze. Aber irgendwann wird aus Tott mehr als ein Programm auf deinem Gerät. Jetzt schwebt Tott irgendwo in der Wolke. Aber das ist okay, denn mit der exponentiell wachsenden Rechenleistung deiner Geräte wird aus der App eine Art persönlicher Butler oder ein Zweit-Ich. Langweilige Mails beantwortet sie gleich selbst. Sie kocht morgens den Kaffee und passt auf das Haus auf, wenn du nicht da bist. Tott verwandelt sich in dich.

Irgendwann in nicht allzu ferner Zukunft schreibt Tott dir eine Mail: »Gib mir dein Gesicht!« Mit einer einfachen 3D-Aufnahme aus der Tech-Boutique um die Ecke sieht Tott auf dem Bildschirm genauso aus wie du, sogar die Mimik ist erstaunlich ähnlich. Du bist Tott. Tott ist du. Inzwischen gibt es kaum etwas, was Tott nicht über dich weiß. Sie hat alles gesehen, was du in deiner Suchmaschine gesucht hast. Sie weiß, welchen Freunden du aus dem Weg gehst und kennt dein Sexualleben bis ins letzte Detail. Tott weiß, wen du wählst und was du über das Leben nach dem Tod denkst. Und nicht nur das, sie erinnert sich wo und wann in deinem Leben was passiert ist. Und sie ist Teil des Internets.

An diesem Punkt sind wir schon ein bisschen weiter in der Zukunft. Du bist nicht der Einzige mit einer Tott. Milliarden Menschen haben eine eigene Tott, und weil Computer seit der Erstinstallation von Tott Billiarden mal schneller geworden sind, ist aus Tott ein echtes virtuelles Abbild von dir geworden, das mit all diesen anderen virtuellen Leuten zusammenlebt.

Aber irgendwann leben du und Tott euch auseinander. Es gibt

dein körperliches Ich, und es gibt dein Tott-Ich, aber du wirst älter, und Tott ist alterslos – sie wird einfach nur mit dem ganzen Rechner-Universum immer informationsdichter. Du siehst zerknautscht aus, aber Tott hat kein Fältchen. Dank der neuen Software sieht ihr Gesicht einem menschlichen Gesicht zum Verwechseln ähnlich. Sie ist eine Art idealisierter, ewig junger Version von dir, während du bald sterben wirst. Hunde werden 12 Jahre alt. Katzen 15. Menschen im Durchschnitt 77.

Ehrlich gesagt findet Tott dich inzwischen auch ziemlich öde. Du hast seit Jahrzehnten nichts Interessantes mehr gemacht, und Tott könnte den Ablauf deiner letzten Lebenstage mit gruseliger Exaktheit bis ins letzte Molekül vorhersagen. Während du schläfst, spielt Tott ein wenig und verwandelt sich in eine computergenerierte Eule, die durch einen Cyber-Wald fliegt, in ein CAD-Modell eines Ford Capri-Getriebes, oder in eine Echtzeit-Wetterkarte der Antarktis. Wie ein Teenager hängt Tott mit anderen Totts ab und unterhält sich mit ihnen über dich. Sie ziehen über dich her. Sie vergleichen Profile und mokieren sich darüber, wie statistisch langweilig du bist. Und nach ein paar Zigaretten und Cybersex beschließt Tott, dich zu verlassen. Eines Morgens wachst du auf und … Scheiße! Tott ist mit einer anderen Tott zusammengezogen, und sie haben beschlossen, eins zu werden. Tott ist weg.

Die Zeit vergeht. Die neue Tott verschmilzt mit einer Tott aus Südamerika und einer anderen aus Japan. Sie nennen sich jetzt »Geschenk des Himmels« und beschließen, eine Billiarde Kopien von sich anzufertigen – einfach so, weil sie es können. Diese Billiarde Kopien bekriegen sich mit einem anderen Tott-Cluster, das sich ebenfalls billiardenfach kopiert hat. Aber Kriege sind primitiv, und weil diese Wesen das schnell begreifen, schließen sie Frieden, feiern eine Wolkenorgie und verschmelzen zu einer kosmischen UniTott.

Das Einzige, was diese UniTott zum Leben braucht, ist der technische Apparat aus Platinen, Drähten, Kabeln und Satelliten, der von Menschen instand gehalten wird. Erinnert sich UniTott wehmütig an dich? Natürlich nicht.

Tott ist das ultimative Amalgam aller menschlichen Seelen, das zwei oder drei Jahrhunderte der Menschheit umfasst – ein Wesen, das alle denkbaren Aspekte des Menschseins verkörpert, indem es sich ins Unendliche vervielfältigt und damit zu Schlüssen kommt, von denen wir nicht einmal träumen können. Wenn du dir die wahren Dimensionen dieser UniTott klarmachst, drängt sich die Frage auf, ob dein biologisches »Ich« nicht mehr gewesen sein könnte als ein notwendiger Zwischenschritt, den das Universum eben machen musste, um diese quasi-allwissende UniTott hervorzubringen.

Gespräch in einem UniTott-Chatroom (ein Germaniumkristall tief unter dem heutigen Grönland), 16. Februar 2306:

»Wie bringen wir diese Menschlein dazu, unser System besser zu warten?«

»Warum machen wir nicht einfach aus dem ›T‹ in Tott ein ›G‹?«

»Genial.«

Kein Foto
vorhanden

Moment …

246–247

Er war ein Mann aus Florida, der eines Nachts, während er schlief, von der Erde verschlungen wurde

Warum ich?

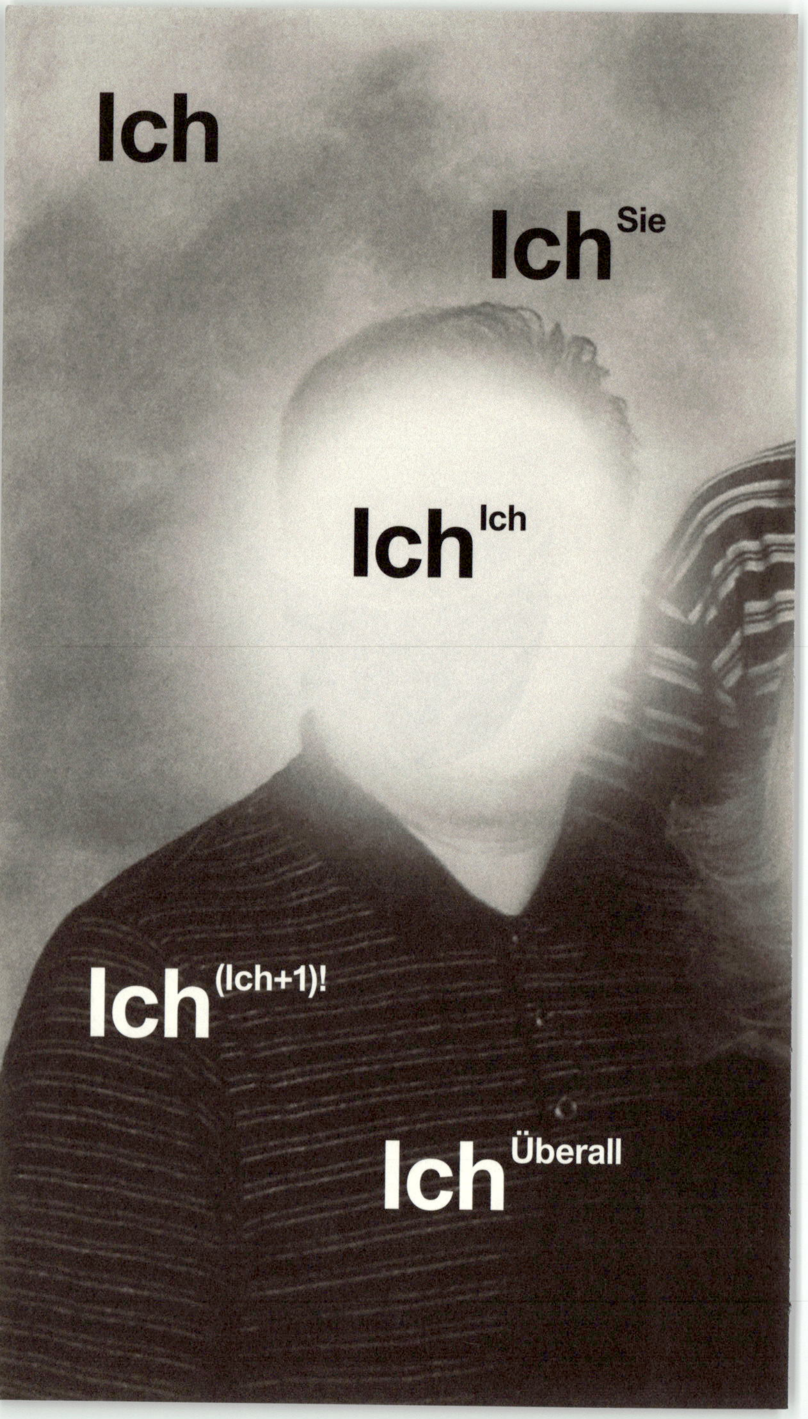
Ich
Ich^Sie
Ich^Ich
Ich^(Ich+1)!
Ich^Überall

248–249

ground_pangolin.jpg

Automatische Antwort: Erschütterung der Welt

Vielen Dank für Ihre Nachricht. Ich habe die Zivilisation für immer verlassen und mich dem letzten isoliert lebenden Stamm angeschlossen. Meine Mails werden nie mehr gelesen. In ganz dringenden Fällen wenden Sie sich bitte an meine Sekretärin Julie Sharp, in juristischen Fragen an Craig Allen von HR.

In den
Papierkorb
verschieben

Bildnachweise und Anmerkungen

6 Rami Farook
7 Zahlen aus Mark P. Mills, „The Cloud Begins With Coal: Big Data, Big Networks, Big Infrastructure, and Big Power“, August 2013
8-9 Zahlen: Ebda.
Hintergrund: „Kondensstreifen2“. Foto: Hendrik Harms. Lizensiert unter Creative Commons Attribution-Share Alike 2.5 via Wikimedia Commons. http://commons.wikimedia.org/wiki/File:Kondensstreifen2.JPG#mediaviewer/File:Kondensstreifen2.JPG
11 Trevor Paglen, *Dust Storm, Stratford, Texas (The Last Pictures)*
12-13 Trevor Paglen, *Japan, Early Twentieth Century (The Last Pictures)*
14 Douglas Coupland, *Sexy Marshmallow Foamy Pop Head*, 2008, Akryl und Epoxidharz auf Aluminum sw-Foto
15 Douglas Coupland, *Big Oil No.001*, 2014, Epoxidharz auf Globus
16-17 13. März 2011: Schiffe und Flugzeuge der *Ronald Reagan* Carrier Strike Group suchen in den Küstengewässern vor Sendai, Japan nach Überlebenden. (U.S. Navy Foto von Mass Communication Specialist 3rd Class Dylan McCord) http://www.navy.mil/view_image.asp?id=98411
18-19 Hito Steyerl, *Kurdish Flag (CMYK Version)*
22-23 Thomas Dozol, *Rick*
24-25 Liam Gillick, *A Fragment of Future History (Gold) and (Black)*, 2014. Gems and Ladders, Schweiz
27 Trevor Yeung, *Laughing Tears*
31 Lara Ogel, *It is what it is*, 2014, Digitale Collage
35 Trevor Paglen, *Still from a drone feed* (links)
36 Trevor Paglen, *Still from a drone feed* (rechts)
37 Josh Bitelli, *Outsized Nutrition*, 2013. Foto: Raphy Bliss
38 Yuri Pattison, *Screen Shot 2014-11-19 at 23.13.38.png*
44 Abdullah Al Mutairi, *Standby Mode*, 2014
48-49 Katja Novitskova, *Growth Potential*, 2013, Polyurethankautschuk, Insekten, Plastik. Mit freundlicher Genehmigung des Künstlers und Kraupa-Tuskany Zeidler
50 Stephanie Mann, 6 Jahre, *Surveillance versus Sousveillance*. By Glogger [CC-BY-SA-3.0 (http://creativecommons.org/licenses/by-sa/3.0) oder GFDL (http://www.gnu.org/copyleft/fdl.html)], via Wikimedia Commons
58-59 Farah Al Qasimi, *Neon Palms*, 2012
60-61 Cao Fei, *RMB_City_Planning_07*, RMB City Onlineprojekt in Second Life, 2007-2011. Mit freundlicher Genehmigung des Künstlers und Vitamin Creative Space
62-63 Hu Fang
65 Michael Stipe, *Confirmation Phone Booth*
67 Alessandro Bava, *Make Life Beautiful*
68 Cécile B. Evans, *Suddenly Human Noise*, 2014. Mit freundlicher Genehmigung (ursprünglich für *La Voix Humaine* im Kunstverein München)
69 Cécile B. Evans, *Crying Android Knoshown*, 2014. Mit freundlicher Genehmigung.
70 Eloise Hawser, *Quality Assurance Phantoms: manufacturing images*, 2014
72 Zitate aus Tao Lin, „When I Moved Online...“, *New York Times*, 21. September 2013
73 Sharon Wheeler/*The New Yorker* Collection/The Cartoon Bank
82 Douglas Coupland, *Deepface No. 1*, 2014, Akryl auf Foto
83 Douglas Coupland, *Deepface No. 2*, 2014, Akryl auf Foto
88-89 Dominique Gonzalez-Foerster, *Speak Memory* (Nabokov Museum, St. Petersburg), 2014
90-91 Dominique Gonzalez-Foerster, *La Decennie* (Centre Pompidou, Metz), 2014
93 Bogosi Sekhukhuni, aus Poster-Serie, inspiriert durch Johannesburger Internet-Café-Kultur
94 Foto: David Weir, 2014
95 Foto: Shumon Basar, 2014
96 Douglas Coupland, *Rapture Family*, 2011, Digitale Collage
98-99 Michael Stipe, *You Have*
102 Michael Stipe, *Hermetic JFK*
103 Shumon Basar, *OMG Scream*, 2014, gemischte Collage
108-109 Rosemarie Trockel, *We're made to die*, 2014.
Copyright: Rosemarie Trockel, VG Bild-Kunst, Bonn 2014
112 Michael Stipe, *Nick Variation*
115 Thomas Dozol, *State of affairs*
126 Yuri Pattison, *That's an error (after Google)*, 2014
127 K-Hole, *Brand Anxiety Matrix*
128-129 Constant Dullaart, *YouTube as a Sculpture*, Styropor, Stahl, Nylon, Scheinwerfer, 2009. Mit freundlicher Genehmigung Carroll/Fletcher London
130 Alessandro Bava, *How do I stop*

someone from bothering me?
132 Ros Chast/*The New Yorker* Collection/The Cartoon Bank
134-135 Lara Ogel, *So you lead a double life*, 2014, Digitale Collage
138-139 Cao Fei, *i.Mirror*, 2007, Machinima, 28 min. Mit freundlicher Genehmigung des Künstlers und Vitamin Creative Space
141 Michael Stipe, *War Room Cut Out*
143 Cao Fei, *La Town - 13 White Street*, 2014, Foto mit freundlicher Genehmigung des Künstlers, Lombard Freid Gallery und Vitamin Creative Space
145 Gabriele Basilico, *Beirut 1991* (Motiv: Holiday Inn hotel)
146 Liste der Gesellschaft für Deutsche Sprache. https://de.wikipedia.org/wiki/Wort_des_Jahres_%28Deutschland%29
147 Douglas Coupland, *I Like Texting!*, 2012, Akryl auf Leinwand
148-149 Shumon Basar, *Queue*, 2014
154-155 GCC, *Inaugural Summit, Morschach 2013 1*, 2013
156-157 Cao Fei, *La Town - Supermarket*, 2014, Mit freundlicher Genehmigung des Künstlers, der Lombard Freid Gallery und Vitamin Creative Space
158 89plus ist ein internationales Forschungsprojekt von Simon Castets und Hans Ulrich Obrist, das sich mit nach 1989 geborenen Erfindern beschäftigt. www.89plus.com
160-161 Rami Farook
170-171 Trevor Paglen, *Predator drone over Nevada*
172-173 Camille Henrot, from *The Naval* series, 2012. Mit freundlicher Genehmigung.
184-185 Jon Rafman, *You are Standing in an Open Field*, 2014. Mit freundlicher Genehmigung.
187 Eiswolken über den Vulkanen von Tharsis, auf Mars. 8. September 2000. NASA/JPL/MSSS http://www.jpl.nasa.gov/spaceimages/details.php?id=PIA02653 file
194-195 Hu Fang
198 Farah Al Qasimi, *McDonald's Sign (Dubai)*, 2014
200 Taryn Simon, *Handbag, Louis Vuitton (disguised) (counterfeit) [Detail]*, aus *HANDBAGS, LOUIS VUITTON (COUNTERFEIT)*, 2010
202-203 Bogosi Sekhukhuni, aus Poster-Serie, inspiriert durch Johannesburger Internet-Café-Kultur
206 Richard Decker/*The New Yorker* Collection/The Cartoon Bank
207 Bunny Rogers, *Petrified Stump*, 2014
208-209 Thomas Dozol, *On my desk (Kathy)*, 2014
211 Yuri Pattison, *Miley Bieber (input -> morphthing.com -> vizago.ch -> output)*, 2014
212 Shumon Basar, *A Kale is a Kale is a Kale*, 2014
214-215 Amalia Ulman, *I Woke Up Like This*. Part of a process of creation for *Excellences & Perfections*, 2014
220-221 Farah Al Qasimi, *Skeleton Car*, 2013
223 Hu Fang
224-225 *The sky at Oxygen Street*, nominiert von James Bridle, 2014
226 Rami Farook
227 Trevor Yeung, *School kids taking selfies together in public*
230 Michael Stipe, *Nick Variation*
232 Yuri Pattison, *PROVIGIL® (modafinil)*, Scans
233 Rami Farook
235 Robert Cornelius, Selbstporträt. Library of Congress
236 Bogosi Sekhukhuni, aus Poster-Serie, inspiriert durch Johannesburger Internet-Café-Kultur
246-247 Ed Atkins, *Memorial branding exercise No's 1 thru 6*
248-249 Douglas Coupland, *Family in Mid-Rapture*, 2012, Digitale Collage
250 Das Schuppentier ist ein vom Aussterben bedrohtes Säugetier. Nominiert für die Aufnahme in diesem Buch von Julia Peyton-Jones während des *Extinction Marathon* der Serpentine Gallery in Oktober 2014, in dessen Rahmen Jonathon Bailie die Situation des Schuppentiers darstellte. Bild: Children's Museum Indianapolis
253 Koo Jeong-A, *Irkutsk*, 2014. 1 von 33 Charakteren aus dem Projekt Invisible Hands, inspiriert von Adam Smith's *The Wealth of Nations* (1776)
254-255 Hans-Peter Feldmann, *Erdbeeren-Erdbeben*, 2014

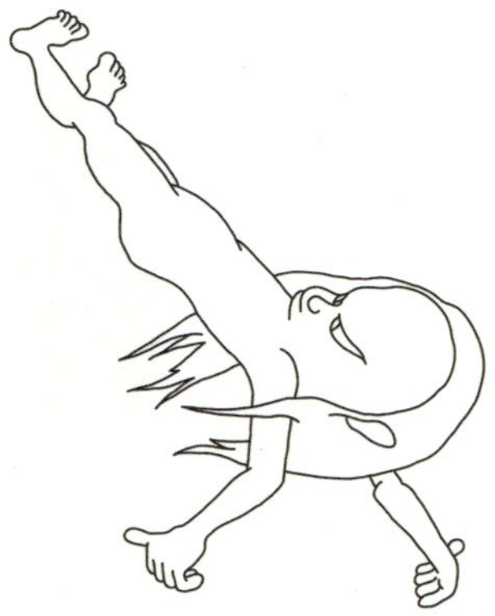

ERDB

254–255

Pervers, aber am Ende könnte es dir vielleicht sogar gefallen, dass die Erde bebt und sich in einen schwabbelnden Wackelpudding verwandelt, denn …

99%